VOEU

DE LA JUSTICE ET DE L'HUMANITÉ

EN FAVEUR DE L'EXPÉDITION

DE

D. PEDRO.

PARIS. —IMPRIMERIE DE CASIMIR, RUE DE LA VIEILLE-MONNAIE, No 12,
PRÈS LA RUE DES LOMBARDS ET LA PLACE DU CHATELET.

VOEU

DE LA JUSTICE ET DE L'HUMANITÉ

EN FAVEUR

DE L'EXPÉDITION DE D. PEDRO;

Par Alexandre DE LABORDE.

Ite, decus terrarum, animæ, venerabile vulgus.
Sil. It., lib. 2.

Caussa jubet melior superos sperare secundos.
Luc. *Ph.*, lib. 7.

« Allez, gloire de la terre, âmes généreuses,
« troupe vénérable ; une cause si belle doit faire
« espérer des destins favorables. »

PARIS.

BOHAIRE, LIBRAIRE-ÉDITEUR,

BOULEVARD DES ITALIENS, Nº 10.

A LYON, MÊME MAISON DE COMMERCE,

RUE PUITS-GAILLOT, Nº 9.

1832.

PRÉFACE.

DEUX intérêts opposés, deux principes ennemis se partagent le monde, et leur lutte sanglante retarde ou avance la civilisation; vaincus sur un point, ils renouvellent le combat sur un autre; l'ignorance et les lumières leur servent alternativement de soutien : l'un est le pouvoir *sacerdotal et aristocratique*; l'autre, *le droit naturel et la dignité de l'homme*. Le premier *incorpore* toutes les castes, et à peu près toutes les sectes, sous l'étendard de l'arbitraire; l'autre veut *associer* tous les peuples aux progrès de la civilisation, aux bienfaits de la liberté. Les partisans du privilége vont chercher des parens, des amis, partout où se trouvent des vanités ou des intérêts analogues aux leurs; les peuples, également, ne considèrent comme concitoyens, comme frères, que les hommes libres ou qui veulent le devenir. C'est sous l'influence de ces deux actions que les institutions s'élèvent ou s'abaissent, se consolident ou s'altèrent. Heureux les souverains qui savent les connaître et les pondérer, juger leurs forces respectives et concilier leurs intérêts, pour ne pas

a

être froissés dans leur lutte , et peut-être entraînés dans leur ruine !

Telle a été la cause du renversement de l'ancienne dynastie, qu'il ne faut point chercher dans les fautes de son gouvernement, ni même dans les célèbres ordonnances, occasion plutôt que motif de sa perte.

La haine du privilége, de la faveur et de la superstition, haine accumulée, invétérée, voilà ce qui commença par irriter, et finit par armer, contre les princes de la branche aînée de cette dynastie, une foule d'hommes tranquilles qui ne les connaissaient pas et qui n'avaient même aucune raison de les haïr. Ce qui prouve évidemment cette assertion, c'est la modération qui suivit de si près la victoire; modération qui porta les vainqueurs à n'apporter à l'ordre de choses établi que peu de changemens, à ne demander à la monarchie que d'être vraie, au clergé que d'être tolérant, aux classes supérieures que d'être utiles, afin de pouvoir, eux-mêmes, les respecter de bonne foi.

La révolution de juillet, pure de toute provocation, exempte de tout excès, est le plus beau triomphe de l'homme sur l'usurpation de ses droits, le plus beau type d'une résistance à la fois courageuse et sage. Le peuple simple, vertueux, désintéressé, après avoir renversé le principe ennemi de tous ses sentimens, sembla dire aux hommes éclairés qui, depuis long-temps, préparaient son action en sympathisant avec ses besoins : « No-« tre tâche est faite, la vôtre commence. Assurez « les droits que nous avons conquis; poursuivez « notre victoire, qu'elle tourne au profit de notre « patrie et de l'humanité. »

Oui, de l'humanité; car ce sentiment fut toujours dominant dans les masses, autant que le désir de leur bien-être privé. A peine la joie d'être délivrés de l'oppression eut-elle eu son cours, qu'il se manifesta une expansion naturelle vers les peuples qui en étaient encore victimes. On crut pouvoir déverser sur eux ce bienfait de liberté qu'on tenait à pleines mains, les inviter tous à prendre part à ce grand banquet, sans penser aux dangers que présentait une telle entreprise. Ayant partagé cette illusion, je ne puis la blâmer; mais je dois avouer que les obstacles au succès étaient grands. La France, à cette époque, n'avait ni armée, ni munitions, ni artillerie, pour lutter contre toute l'Europe debout et dans la force de son organisation militaire. Une bataille perdue compromettait pour toujours ses destinées et le principe même qu'elle aurait voulu répandre. Aujourd'hui, sans avoir perdu les sentimens qui l'animaient alors, elle a de plus pour les appuyer, s'il était nécessaire, 500 mille soldats, 1,000 pièces d'artillerie attelées, 1,200 mille gardes nationaux, des arsenaux considérables, et l'expérience acquise même par nos troubles civils, de ce que pourrait la population tout entière contre l'étranger, *quo graves Persæ meliùs perirent.*

Nous étions, en 1830, les avant-postes, les éclaireurs de la liberté ; nous sommes aujourd'hui sa phalange, sa citadelle ; elle parut alors, coiffée de l'attribut qui effraie ; elle a aujourd'hui le front ceint de la couronne qui rassure, de la couronne de fer *gare à qui y touche.*

Mais pour avoir voulu ainsi demander au temps ce qui aurait pu échapper à l'impatience, nous n'en avons pas moins conservé ce sentiment d'intérêt pour les autres peuples. Spectateurs, au lieu d'être champions, des efforts qu'ils font pour améliorer leur sort, notre intérêt se ranime à chaque époque où de nouvelles circonstances paraissent devoir leur être favorables. Dans l'intervalle des événemens qui agitent notre pays, on aime à jeter un regard sur le grand théâtre où se décide le sort des autres, à récapituler les gains ou pertes que les nations ont faits en civilisation ; hélas ! dans cet actif et passif, dans ce bilan du bonheur des hommes, le premier article qui se présente est la malheureuse Pologne. Elle a été rayée du rang des nations ; un descendant des Jagellons a été forcé de se traîner à pied vers la terre d'exil ; Poulawi, chanté par les muses françaises, est, peut-être, aujourd'hui, un fief de Cosaques; mais, d'un autre côté, le torysme anglais, cette friperie du manteau féodal, ce grand moteur des troubles de l'Europe depuis quarante ans, cet ennemi de toute amélioration sociale, a reçu un coup mortel. Le même principe vient d'être sévèrement comprimé en France, et l'or versé à pleines mains a pu lui gagner à peine des complices, nulle part des auxiliaires.

Si le régime sacerdotal, si les foudres du Vatican semblent se ranimer en Italie, d'un autre côté, le lion belge a pour toujours rompu les barreaux de sa cage; une heureuse alliance entre deux rois d'élection, entre deux familles populaires, va resserrer les liens d'affection et de politique qui unissent ces deux pays libres, et effacer pour eux jusqu'au nom de frontière.

Enfin, lorsque le midi de l'Europe semble étranger aux lumières du siècle, lorsqu'un tyran y rappelle, par ses cruautés, l'histoire des siècles barbares, une poignée d'hommes généreux, s'élançant du milieu de l'Atlantique, va reporter sur cette terre opprimée le repos et la liberté. C'est cet acte de fidélité, de courage, d'honneur, digne d'occuper tous les esprits, que nous avons tâché de retracer dans ces courtes pages, en y joignant les événemens qui l'ont précédé et notre opinion sur les résultats qu'il peut avoir.

Cette entreprise a quelque chose d'aventureux, *d'argonautique*, qui nous a paru exciter au plus haut point l'intérêt. Ce grand duel de deux frères rivaux sur la même terre qui jadis vit une semblable lutte, la France et l'Angleterre présidant comme des hérauts d'armes à ce combat à mort, écartant de la lice les chevaliers voisins, offre dans ce moment le sujet d'un drame qui n'a pas encore été présenté sous son véritable point de vue. L'histoire portugaise de ces derniers temps a sans doute été traitée dans un grand nombre d'ouvrages; mais elle est, dans tous, embarrassée de questions de droit, de discussions de traités qui empêchent de la juger, de la suivre avec l'attention qu'elle commande. La question de légitimité, qui paraît à tous le point principal, ne nous a semblé que secondaire et obscurcissant plutôt qu'éclairant le tableau. Lorsqu'un pays a reçu une charte qu'il a acceptée avec acclamation, sans dissidence, sans protestation, une charte qui contient toutes les garanties, les droits du souverain font, de ce moment, partie des droits des peuples; ils ne peuvent plus en être séparés; ils sont un contrat synallagmatique contre lequel aucune des deux parties ne peut invoquer de loi antérieure; la charte de D. Pedro constitue la *légitimité* de sa fille. Le renversement de cette charte établit *l'usurpation* de D. Miguel : tous les raisonnemens étrangers à ce point de fait sont nuls, et les cortès de Lamego et de Thomar ne peuvent pas plus lui être opposés qu'à notre révolution de 1830 les champs de mai et les anciens états-généraux. Mais quand à ses droits positifs, reconnus, se joignent toutes les considérations qui parlent au cœur et à l'imagination des hommes, ne doit-on pas espérer de voir un vif intérêt s'attacher au succès de cette expédition? Cette cause est à la fois celle de la liberté et de la monarchie, de l'honneur des rois et du bonheur des nations. Les vœux que nous faisons pour elle sont ceux de la justice et de l'humanité; nous les adressons aux souverains, aux peuples et à toutes les âmes généreuses. Puissent-ils mériter d'être entendus! puissent-ils surtout être exaucés! le but de cet écrit serait atteint.

VOEU

DE LA JUSTICE ET DE L'HUMANITÉ

EN FAVEUR DE L'EXPÉDITION

DE

DOM PEDRO.

CHAPITRE PREMIER.

Événemens qui ont précédé l'usurpation de D. Miguel.

> *Precarium seni imperium ac brevi transiturum.*
> Tac., Hist., 1. 56.

> *Hominibus, qui nec totam libertatem, nec totam servitutem pati possunt.*
> Tac., Hist., 18.

> Le pouvoir est précaire entre les mains d'un vieillard, et de courte durée, chez des hommes qui ne peuvent supporter ni une entière liberté, ni une entière servitude.

Un pays qu'à peine on distingue sur la carte de l'Europe, éclipse dans les fastes de l'histoire les plus puissantes monarchies ; les Portugais apprirent au monde à secouer le joug de l'esclavage (1). Les premiers ils lancèrent leurs vaisseaux sur des mers inconnues, découvrirent et conquirent les Indes (2); mais, plus ambitieux de la dignité de nation que de la gloire des conquêtes, ils défendirent constamment leurs droits; de temps immémorial ils eurent un gouvernement représentatif et libre jusqu'au jour où, tombés sous la domination espagnole, et, plus tard, sous la dépendance anglaise, ils virent se perdre à la fois leur nationalité et leur caractère entreprenant. Livrés à un gouvernement monacal, sans armée, sans commerce, sans agriculture même, et surtout sans énergie, ils semblaient avoir épuisé la coupe du malheur lorsqu'une catastrophe affreuse y mit le comble : le tremblement de terre de 1755 détruisit entièrement leur capitale. Resté debout au milieu de ces ruines, le souverain respectable de ce pays, le malheureux Joseph Ier, ne pouvait calmer sa douleur. « Que faire dans cet abîme de maux ? s'écriait-il. — Que faire ? répond une voix forte et énergique, *enterrer les morts et songer aux vivans;* » c'était la voix de Pombal, seul de ses conseillers resté près de lui : ces paroles frappent le monarque, le rappellent

---

(1) *Lusitanos Viriatus erexit, non contentus libertatem suorum defendere.* Florus, Lib. 11.

(2) *Da occidental praia Lusitana*
  Por mares nunca d'antes navegados.
  Camoens, Cant. 1.

à ses devoirs et à l'espérance ; il accorde sa confiance à Pombal ; elle ne fut point trompée ; activité, talens, lumières, force d'âme, tout se trouva réuni dans cet homme d'État ; bientôt l'industrie se ranime, les pertes se réparent, le crédit renaît ; Lisbonne sort, comme par enchantement, plus brillante de ses ruines ; les abus, les priviléges dans les hautes classes sont vivement attaqués, les jésuites succombent, et l'Europe, applaudissant à ce premier coup qui leur est porté, achève leur destruction.

Sans doute c'est par le pouvoir absolu que Pombal opérait ces utiles changemens, mais il fondait de fait le gouvernement constitutionnel en attaquant l'influence de la noblesse et du clergé, en répandant les lumières dans les classes inférieures et en perfectionnant les institutions municipales. Il ne fallait qu'un second règne semblable à celui-ci pour achever ce grand ouvrage. La faible Marie l'entrava au contraire ; le clergé et la haute noblesse, secondés par l'Espagne, reprirent bientôt leur influence ; les abus et les dilapidations recommencèrent. Tout le bien qu'avait fait Pombal allait être détruit, lorsque l'aliénation déclarée de la reine prévint les malheurs que présageait déjà sa faiblesse. Jean VI, son second fils, prit en 1795, sous le nom de régent, les rênes du gouvernement. Son frère aîné, élevé sous les yeux de Pombal, et qui aurait continué son système, était mort en 1788, regretté de la nation entière. Quant à lui, n'ayant pas été élevé pour régner, possédant peu de connaissances et encore moins de fermeté, il n'avait conservé des traditions de son grand-père, que son éloignement pour le parti aristocratique et pour l'influence espagnole. De là son alliance avec l'Angleterre et sa disposition à adopter les lumières de son siècle; mais les événemens politiques excluaient toute possibilité d'amélioration. Le Portugal avait été entraîné en 1791, comme toutes les puissances secondaires, dans la coalition contre la France; il en fut une des premières victimes. L'Espagne fit la paix, et ouvrit un passage aux armées françaises dans la Péninsule. Le Portugal fut une proie que ces deux cabinets convinrent de se partager. Le traité de Fontainebleau du 27 octobre 1807 contenait les clauses de ce partage.

Après d'inutiles et insignifiantes négociations, Jean VI apprit, par le *Moniteur*, que la maison de Bragance avait cessé de régner. De ce moment, il résolut de partir pour le Brésil et d'y transférer le siége du gouvernement, résolution qu'il aurait dû prendre depuis plusieurs années en y préparant habilement les esprits. Son départ précipité par l'arrivée des Français fut plutôt une fuite qu'un déplacement, et cependant il eut encore le moyen d'enlever du pays les objets les plus précieux, les fonds de toutes les caisses, et même la solde arriérée des troupes. Quelques régimens et un petit nombre de grands seigneurs suivirent la cour qui, de ce moment, n'eut plus qu'une faible influence sur le sort de la mère-patrie. La métropole était devenue colonie, la colonie, métropole; et ce changement devait nécessairement entraîner par la suite une complète séparation.

Le Portugal, abandonné, conquis, privé de toutes ses ressources, ne dut chercher qu'en lui-même ses propres destinées ; une partie de la noblesse, confiante dans la fortune de Napoléon, éblouie par son génie, songea à retrouver sous ses auspices une nouvelle existence, à se donner même une constitution dont les bases ne diffèrent pas beaucoup de celle qui fut adoptée depuis. On ne peut le nier, ceux qui suivirent ce parti étaient les hommes les plus éclairés du pays ; mais un nombre plus considérable, irrité, ainsi que les Espagnols, de la conduite de Napoléon envers la famille de Charles IV, et encouragé par les revers de Baylen, se joignit à l'Espagne et à l'Angleterre pour retrouver une entière indépendance de nation que le joug de Napoléon ôtait aux peuples mêmes qui se joignaient à sa cause. Les forces du Portugal, réunies à celles de l'Espagne, contribuèrent beaucoup à assurer l'affranchissement de la Péninsule et le retour de Ferdinand dans ses États. L'Espagne retrouvait alors son ancienne existence, son rang de nation ; mais le Portugal, devenu simple colonie, ayant toutes les charges d'une cour sans en avoir les avantages, humilié dans son orgueil par l'Angleterre, pressuré dans ses ressources par le Brésil, et surtout froissé par le dernier traité d'alliance avec l'Angleterre, n'aspirait qu'à un changement quelconque que la présence du roi pouvait seule retarder. Jean VI fut donc vivement pressé de revenir dans sa capitale. L'Angleterre lui offrit pour cela ses vaisseaux ; mais une sorte d'apathie, d'inertie naturelle, d'habitude douce, contractées dans un pays où il s'était fait aimer, le retenaient au Brésil qu'il ne consentit à quitter qu'à la dernière extrémité.

De grands événemens commençaient cependant à se développer dans la Péninsule. L'Espagne, dont les efforts héroïques avaient étonné le monde, qui, la première, avait fait entendre le cri de liberté au milieu de l'asservissement général; l'Espagne, pour prix de tant de sacrifices, de tant d'abnégations, n'avait reçu aucune des améliorations qu'elle s'était promises et qu'on lui avait promis. Elle résolut alors de chercher de nouveau, dans son énergie, cet avenir, ces institutions, qu'elle était en droit d'attendre, et la révolution de l'île de Léon, en 1820, accomplit ce projet. Il était impossible qu'un semblable événement n'eût pas un contre-coup à Lisbonne chez un peuple plus avancé en civilisation, et plus autorisé, en quelque sorte, à se soulever, par l'indifférence prolongée qu'on montrait à son sort. La régence portugaise sentit ce danger, mais ne fit rien pour le prévenir; l'armée et la marine, seuls dépositaires de la force et principaux moteurs des événemens dans ces deux pays, l'effectuèrent également. L'imparfaite constitution de Cadix à défaut d'autre fut adoptée comme en Espagne, et l'élection des anciennes cortès servit de base au nouvel ordre de choses. Cette révolution s'étendit au Brésil; le roi lui opposa peu d'obstacles, et elle trouva encore moins d'opposition dans les troupes, qui désiraient retourner en Portugal.

Il était temps enfin que Jean VI consentît à régner, s'il ne voulait voir la puissance s'échapper entièrement de ses mains; il était temps qu'il s'unît à une nation généreuse qui, supportant avec peine toute influence étrangère, voyait dans Beresford un autre Vasconcellos; il se décida donc à revenir. Il arriva à Lisbonne le 1ᵉʳ juillet 1821. C'est alors que de bonne foi et sans restriction (1) il accepta les bases de la constitution des cortès. « *Je jure de lui être fidèle*, dit-il, en se tournant vers l'assemblée et le corps diplomatique, *et je fais ce serment avec plaisir et de tout mon cœur.*» En effet, il ne fit jamais rien pour la modifier, attendant l'occasion de pouvoir le faire du consentement même des délégués de la nation. Quelque imparfaite que fût cette constitution, il aurait régné avec elle et par elle, sans l'action toujours croissante du principe aristocratique qui, en Espagne principalement, opposait un obstacle invincible à toute amélioration sociale, et qui, de là, s'étendait en Portugal.

L'Espagne se trouvait dans la situation d'un pays où les lumières ne sont point à la hauteur des institutions qu'on veut lui donner, où les idées saines en finance, en politique, en religion, sont encore trop peu répandues, mais qui ne demande qu'à les recevoir. Quelle était la conduite à tenir dans un semblable ordre de choses? était-ce de rabaisser la civilisation au degré de lumières acquises, ou bien, au contraire, d'élever le pays,

---

(1) Quelques courtisans lui avaient proposé de s'arrêter aux Açores pour traiter avec les cortès, comme avait fait Ferdinand à Valence en 1814; mais il rejeta cette idée, et soutint même que la constitution pouvait se maintenir telle qu'elle était.

la génération nouvelle surtout, au niveau de puissance auquel on voulait la faire parvenir, d'employer l'arme de la loi, comme ailleurs (1) quelques souverains employaient celle de l'arbitraire pour implanter, pour fonder des doctrines destinées à porter le pays au plus haut point de bien-être et de dignité ; d'opérer, en un mot, par la force de l'ordre établi et la puissance de la raison, ce qu'il aurait fallu n'attendre que des siècles. Voilà ce qu'un souverain éclairé aurait entrepris, et ce que la France aurait pu et dû essayer dans son intervention ; et tout fait présager qu'un rapide succès aurait couronné cet œuvre de la sagesse et de la bonté : déjà même, et au premier moment de cette révolution, les changemens utiles avaient réussi, le crédit public s'était rétabli, l'assiette des impôts se portait sur les véritables richesses, et n'entravait plus le travail et la production (2). Le clergé se sécularisait rapidement (3), les biens des ordres monastiques commençaient à se vendre (4), et si même on les avait donnés

---

(1) Joseph II en Autriche, Joseph Ier en Portugal, Léopold en Italie.

(2) L'ordre établi dans les finances par les cortès aurait amorti en peu de temps toutes les dettes de l'Espagne et assuré à ce pays le premier crédit de l'Europe.

(3) Le nonce du pape recevait une *piccette*, ou autrement vingt sous, par chaque ecclésiastique qui se sécularisait ; il avoua à l'ambassadeur de France qu'il en avait reçu près de deux mille en un mois.

(4) Ceux de ces biens dont la vente avait été autorisée par une

gratis, ils auraient répandu partout l'amour de la propriété et le goût du travail ; l'instruction populaire et gratuite aurait bientôt fait apprécier ces progrès heureux de l'esprit humain. Il eût été facile alors de substituer à la constitution imparfaite des cortès une charte analogue à la balance politique de la France et de l'Angleterre, dont l'expérience a consacré la bonté. Aucun pays ne présentait de meilleurs élémens que l'Espagne pour composer une chambre des pairs respectable et respectée, pour remplir une chambre des communes d'hommes habiles et exercés aux affaires ; le pouvoir royal retrouvait alors plus de force qu'il n'en a aujourd'hui sans que le pays tombât dans l'abjection où il se trouve ; voilà ce qu'aurait fait le ministère du duc de Richelieu, peut-être même M. de Villèle, s'il eût été maître absolu. Mais voilà ce que ne voulait pas le parti théocratique, ignorant, qui opprimait sourdement la France et l'Espagne, et qui recevait de la sainte-alliance ses doctrines et ses instructions. Tous les argumens spécieux du respectable Martignac (1) ne peuvent colorer les vues, les intentions de notre gouvernement dans la funeste expédition à laquelle il nous a

---

bulle du pape (et tous auraient bientôt été dans ce cas), se vendaient au même taux que les terres patrimoniales.

(1) Il expose dans son introduction les véritables objections contre cette entreprise, et son ouvrage y répond faiblement, quoique avec esprit et bonne foi. (Voy. *Introduction*, p. 15, et chap. 18.

entraînés, et dont les maux pour la France, pour l'Espagne, pour l'humanité, ont été incalculables (1). L'avenir a montré l'hypocrisie qui présidait à ce plan ; il a prouvé que cette intervention n'était que le prélude de ce qu'on voulait opérer plus tard en France, la destruction de toute liberté, de toute action de la communauté, dont il fallait étouffer le foyer en Espagne, afin qu'il n'eût plus d'auxiliaires nulle part. Il fallait parquer au milieu de nous ces idées qui tendaient à s'étendre et qui, à mesure qu'elles trouvaient ailleurs des auxiliaires, acquéraient parmi nous plus de force. L'expédition réussit, et au-delà même des intentions de ses auteurs ; car le pouvoir absolu rétabli en Espagne, ne daigna même pas témoigner sa reconnaissance au gouvernement imbécile et perfide qui l'avait ainsi colonisé, et qui avait dépensé pour ce bel œuvre plus de 400 millions. Ce pouvoir absolu, ressource des ambitieux et des courtisans, sorte de propriété de la bassesse et du vice, invita les courtisans de tous les pays à se réunir à lui, et le Portugal fut appelé à en être bientôt le théâtre et la proie.

Le respectable roi Jean VI ne fut point, comme le roi d'Espagne, infidèle aux promesses qu'il avait faites, aux sermens qu'il avait prêtés. Il détestait la haute aristocratie, et, quoique dévot, ne se laissait pas gou-

---

(1) Cette expédition est si insensée, s'écriait à la tribune l'auteur de cet écrit, que ce n'est pas seulement en accusation qu'il faudrait mettre les ministres qui la proposent, mais en *interdiction*. (Séance du 24 févtier 1823.)

verner par le clergé. S'il ne montra pas une énergie au-dessus de ses forces pour défendre les institutions, au moins fut-il le dernier à les abandonner. Les vrais coupables, en Portugal comme en Espagne, furent les apostoliques, éternels ennemis de la civilisation, et peut-être aussi les constitutionnels des cortès, dont la faiblesse, en ménageant leurs adversaires, les encouragea à oser davantage. Revêtus pendant quelque temps d'un pouvoir dictatorial, ils ne l'employèrent point à prévenir les coups qui devaient leur être portés, et le Portugal présenta le singulier spectacle d'un peuple qui abandonne les droits qu'il a conquis, et d'un roi qui reste fidèle aux engagemens qu'il a contractés.

CHAPITRE II.

Première tentative d'usurpation par D. Miguel.

> *A vitiis in prava, à pravis in præcipitia pervenitur.*
> Vell. Pat., 2. 10. 1.

> Quelque crime toujours précède les grands crimes:
> Quiconque a pu franchir les bornes légitimes
> Peut violer enfin les droits les plus sacrés.
> Racine, *Phèdre*, act. IV.

Ce n'est point du jour où l'ambitieux ceint son front d'un diadême qu'il faut dater l'époque de son usurpation ; l'ingratitude, la perfidie, lui auront sans doute frayé la route vers le trône, et sa dernière action n'aura été que la conséquence des premières. C'est l'exemple que présente aujourd'hui ce prince qui rappelle, au milieu d'un siècle éclairé, les scènes du moyen âge, la honte des derniers empereurs. *Turpitudo tyrannidis !*

D. Miguel, duc de Beira, septième enfant du roi Jean VI et de Charlotte de Bourbon, fille de Charles IV, roi d'Espagne, naquit à Lisbonne, en 1802. Transporté au Brésil, à l'âge de cinq ans, son éducation souffrit des révolutions qui agitaient le pays, et de l'espèce d'abandon où il fut laissé sur cette terre lointaine. Livré à l'entou-

rage de subalternes, à la compagnie d'enfans de son
âge mal élevés et déjà corrompus, ses amusemens or-
dinaires étaient d'attaquer les passans, de faire souffrir
des animaux, sorte de préludes de cruauté, *first stage
of cruelty*, qu'on remarque ordinairement dans les
individus de caractère et de penchans féroces. Lorsqu'il
fut plus âgé, ses jeux, ses occupations, grandirent sans
changer; ils consistaient à jeter des lacets à des taureaux ou chevaux sauvages, et à parvenir ainsi à les
terrasser. Bientôt il appliqua cette sorte de chasse à
des hommes vivans qu'il traînait en les mutilant sur les
routes, et qui lui valurent de sévères réprimandes de
son père, qui se reprochait souvent l'indulgence qu'il
avait eue à son égard (1). L'infant D. Miguel est d'une
figure agréable, expressive; sa taille est svelte, mais
une sorte de timidité dans le maintien, d'expression fausse et couverte dans le regard, des mouvemens
de colère et d'impatience qui le prennent sans cesse,
préviennent peu en sa faveur. Arrivé en Europe, ses
inclinations perverses ne firent que se développer sur
un plus grand théâtre. Lisbonne et ses environs ra-
content une multitude de traits d'une singulière dépra-
vation (2). Que ne devait-on pas attendre d'un semblable

---

(1) Jean **VI**, qui était fort dévot, disait, peu de temps avant
sa mort, à une personne de sa confiance : « Mon ami, je serai
damné (l'autre le rassurait); oui, je serai damné pour avoir trop
négligé l'éducation de mes enfans. »

(2) Une de ses plaisanteries favorites était de faire entrer dans
les salles basses des maisons de campagne, des taureaux furieux.

caractère lorsqu'il pourrait s'appliquer aux relations des hommes entre eux, à ces grandes combinaisons, à ces mouvemens de l'ambition qui agitent si violemment les passions, et cela au milieu d'une cour où l'intrigue passait pour de l'habileté et de la force?

Pour juger de l'avenir de ce prince, il aurait suffi d'étudier le caractère de sa mère, qu'il prenait pour modèle, dont il suivait aveuglément les avis. Cette princesse ambitieuse et cruelle était de plus fort laide, ce qui aigrit toujours un peu le caractère. Tour à tour royaliste, républicaine (1), absolutiste, suivant que ces opinions pouvaient la conduire au pouvoir; dominée d'ailleurs par une haine violente contre son mari (2), elle

---

Plusieurs personnes, entre autres une jeune femme d'une famille distinguée, moururent de saisissement ou des suites de chutes occasionées par la frayeur.

(1) C'est elle qui encouragea, par des lettres datées de Rio-Janeiro, la formation de la république du Paraguay. (V. *Acclamation de D. Miguel*, par Rocha, page 8, et l'ouvrage anglais : *A narration of facts under the direction of Thomas Francia*. London, 1826. On trouve dans une autre de ses lettres, adressée au président des cortès de Cadix en 1809, ces paroles : « Tout « despotisme est aussi contraire aux intérêts des peuples qu'à ceux « des rois, qui ne peuvent l'exercer autrement que par ignorance. »

Dans une autre, elle dit : « Dans l'excès de ma joie, je me « plais à vous féliciter de la bonne et sage constitution que l'au- « guste compagnie des cortès vient de jurer et de promulguer; « ce qui lui a mérité l'approbation de tous, et, en particulier, « la mienne. Observons exactement la constitution, et la victoire est assurée. »

(2) Fiancée à l'âge de dix ans, et mariée en 1790 à Jean, alors

avait déjà tenté en 1805 de se mettre à la tête du gouvernement en faisant déclarer le roi atteint, comme sa mère, d'une maladie du cerveau. Elle obtint son pardon en offrant de faire connaître ses complices, et profita de cette circonstance pour punir plusieurs de ses ennemis, qui n'avaient pas pris la moindre part au complot; le roi se borna à en exiler un petit nombre, mais il dut être plus sévère envers la reine, lorsqu'en 1822 elle refusa de prêter le serment à la constitution qu'il venait d'accepter. La loi lui enlevait ses droits civils et politiques, et l'obligeait de sortir du royaume; le roi, dans sa trop grande bonté ou sa faiblesse, commua cet exil en une résidence indéfinie au palais de Ramalhao, non loin de Lisbonne. C'est dans cette retraite que D. Miguel et la faction sacerdotale établirent leur quartier général, leur correspondance avec les partis absolutistes de tous les pays, et le foyer des conspirations qui ne devaient point tarder à éclater. Le plan était d'ôter au roi Jean VI la couronne, de nommer la reine régente au nom de son fils D. Miguel,

---

infant, elle en eut neuf enfans; mais jamais elle ne le rendit heureux. Dès l'année 1792, toute harmonie cessa entre eux. La connaissance qu'il acquit alors de ses honteux penchans l'éloigna d'elle, et sa conduite depuis ne devait point le rattacher. C'est sans doute en grande partie au chagrin qu'il en éprouva qu'on peut attribuer la mélancolie dans laquelle il tomba en 1804 et 1805, qui le fit un moment supposer atteint de la maladie mentale dont sa mère avait été frappée. (Voy. LESUR, *Annuaire de* 1827.)

appelé à succéder au trône. Le Brésil demeurait soumis à D. Pedro. Quant au sort du roi, les avis furent partagés : les plus modérés voulaient l'enfermer pour sa vie dans une prison d'État ou l'envoyer à Rome vivre avec une pension; la reine rompit la discussion en disant que ce n'était pas la peine de s'occuper d'une chose aussi peu importante; cependant, comme on n'était pas sûr du succès (et l'événement prouva en effet qu'il présentait des difficultés), il fut convenu que, dans tous les cas, on opèrerait toujours un mouvement pour détruire la constitution et saisir le pouvoir, sauf à l'exercer sous le nom du roi, s'il n'était pas possible d'obtenir davantage.

La première tentative eut lieu le 23 février 1823. Le comte d'Amarante, connu depuis sous le nom de marquis de Chavès, fit tout à coup armer ses domestiques et les paysans de Villa Real, lieu de sa naissance; il publia une proclamation par laquelle il appelait aux armes les Portugais pour délivrer leur pays du joug des cortès et rendre au roi sa liberté. La bonne contenance de quelques généraux constitutionnels étouffèrent ce commencement d'insurrection, et le marquis fut refoulé en Espagne, où il offrit ses services au duc d'Angoulême. A cette époque l'armée française occupait Madrid, et le parti absolutiste triomphait en Espagne. Les ministres portugais avaient perdu un temps précieux à discuter la constitution au lieu d'agir avec vigueur dès le moment de leur entrée aux affaires. Ils se déterminèrent cependant à envoyer une armée dans la province de Beira, mais il était trop tard. Le 27 mai, au point du jour, le 23ᵉ régiment, en partant pour se rendre à sa destination, s'insurgea, et prit, avec son colonel, la route de Villa-Franca. Dans la même nuit, l'infant D. Miguel s'échappe du palais de son père avec trente cavaliers du 4ᵉ régiment, rejoint le 23ᵉ, et envoie chercher le général Pamplona, qu'il prenait pour Mentor et qui habitait dans les environs. D'accord avec lui, il publie une proclamation où il annonce qu'il prend les armes pour délivrer le roi et la nation du joug sous lequel ils gémissent.

Le roi, à qui l'infant avait écrit le sujet de sa fuite, fut irrité de cette conduite, mais ne se sentait pas la force de lutter contre de semblables tentatives sans cesse renaissantes; il ne voulait pas rompre ses sermens, mais il n'attachait aucune importance à les maintenir, et se laissait aller à ses habitudes de temporisation et de faiblesse. Le 29 mars, jour de la Fête-Dieu, il suivait tranquillement la procession, et le soir même le gouverneur de Lisbonne, le général Sepulveda, à la tête de deux mille hommes, allait rejoindre l'infant, qui l'accueillit comme un traître, parce qu'il ne lui amenait pas le roi prisonnier, comme il en était convenu : il devait l'enlever pendant la procession.

Désormais, les constitutionnels n'avaient plus d'espoir que dans les régimens d'artillerie et la garde nationale de Lisbonne, sous le commandement du général George Daviles, attaché à la cause de la liberté, et dans les promesses du roi, qui, le 30 au matin, déclarait encore qu'il saurait punir la rebellion de son fils : mais, après la revue de ces troupes, les soldats du 18e régiment se dirigèrent vers la résidence royale de Bemposta, et, arrivés sous le balcon du palais, crièrent : *Vive le roi absolu! à bas la constitution!* A ces cris répétés par la garde et les groupes nombreux du peuple, le roi se montra entre les princesses ses filles ; il veut faire faire silence ; il tente encore de rappeler la troupe à son devoir, mais il voit fouler aux pieds la cocarde constitutionnelle ; et, obligé de céder à cette rage populaire : « Eh bien oui! s'écrie-t-il, puisque vous le voulez, puisque la nation paraît le vouloir, je reprends le pouvoir absolu, mais je n'en abuserai jamais. » Oh! qu'un spectacle semblable laisse de tristes souvenirs dans l'âme ; qu'il est pénible de voir l'ignorance, la crédulité, l'abrutissement, triompher ainsi de la raison et faire perdre aux hommes tout sentiment d'honneur et de dignité! Généreux Portugais, qui bientôt allez conquérir la liberté, vous effacerez ces pages honteuses par de nouveaux sacrifices, ou plutôt, vous les avez déjà fait oublier.

Une voiture se trouvait attelée dans la cour du palais ; le roi y monta avec ses deux filles. Il sortit de la ville escorté par le même régiment et traîné par quelques gens de la populace qui, seuls, parmi les habitans de Lisbonne, se joignirent aux soldats ; car la bourgeoisie se montra, jusqu'au dernier moment, très-attachée à l'ordre constitutionnel. La plupart même de ceux qui prenaient parti pour D. Miguel ne voulaient point détrôner le roi, mais seulement détruire un ordre de choses qu'ils croyaient nuisible à leurs intérêts, sans être utile à l'État.

Après le départ du roi, le général Daviles, appuyé de la garde nationale, continua de maintenir l'ordre et le règne des lois. Cette garde sauva Lisbonne du pillage et, peut-être, d'un massacre général, par la tentative que firent les insurgés d'ouvrir les prisons et d'en faire sortir les malfaiteurs.

Le 31 mai, le roi fit une proclamation où, en annonçant le changement de la constitution existante, il promettait de la remplacer par une nouvelle, et, en effet, il nomma une commission pour s'en occuper.

Au milieu de rugissemens féroces, de vociférations qui retentissaient dans les rues, D. Miguel vint se jeter aux pieds de son père, qui, obligé de dissimuler vis-à-vis du nouveau pouvoir sous lequel il venait de fléchir, ne crut pas devoir manifester son ressentiment; il félicita même son fils d'une détermination qu'il attribuait à son attachement pour sa personne, et le nomma généralissime de l'armée portugaise.

A la liberté succéda alors le pouvoir absolu : la presse fut enchaînée; les exils, les destitutions, commencèrent, surtout lorsqu'on apprit l'entier asservissement de l'Espagne. Le roi, devenu le jouet de la faction dominante et absolutiste dirigée par la reine, révoque le décret de bannissement de cette princesse, lui rend les honneurs, et, ce qui fut plus pénible pour lui dans les rapports qui existaient entre eux, il consent à aller la féliciter et lui annoncer qu'elle pouvait revenir occuper le palais de Bemposta.

Conservant néanmoins l'observation de la justice au milieu de toutes ces exigences, le vieux roi répugnait à se servir du pouvoir absolu ; il ne changea aucune des lois précédemment en vigueur. Les impôts ne furent pas augmentés. Un décret pour abroger les actes du gouvernement des cortès, qu'on lui avait fait signer le 18 décembre 1823, ne fut pas promulgué. On voyait évidemment que le roi cherchait à sauver du naufrage constitutionnel tout ce qui pourrait encore être à l'avantage du peuple, et à diminuer l'empire de cette faction aristocratique qu'il n'avait jamais encouragée.

Sur ces entrefaites, le duc de Villa-Hermosa, ambassadeur d'Espagne, parut à la cour de Lisbonne. Le parti de la reine auquel appartenaient quelques membres du haut clergé, d'intelligence avec la junte apostolique d'Espagne, trouvant encore la marche du gouvernement trop lente à leur gré, et dans la bonté, dans la justice du roi, trop d'obstacles à leur cupidité, résolurent de frapper un coup décisif et de renverser le système de modération que ce prince s'obstinait à suivre.

A force d'instances, de dénonciations, de menaces, l'infant et ses partisans avaient éloigné du roi tous ceux qui étaient attachés à sa personne et partageaient ses sentimens populaires ; mais il en restait un dont la fidélité, les soins de tous les instans, une ancienne et douce habitude, lui étaient particulièrement agréables, et lui tenaient lieu d'autres affections plus chères ; le marquis de Loulé avait servi sous Napoléon dans la légion lusitanienne ; à la demande du roi de France, il était rentré en faveur auprès du roi, et, reconnaissant de ce pardon, il s'était attaché à son bienfaiteur et lui prodiguait les attentions les plus assidues. Par un sentiment d'humanité plutôt que par une opinion systématique, le marquis de Loulé était attaché à la constitution ; il voyait dans cette intervention des hommes le principe de leur bien-être, et pour le roi un moyen de plus de se faire aimer. Ce double attachement au peuple et au roi semblait un outrage aux oppresseurs de l'un et de l'autre ; sa perte fut jurée ; mais par qui cet attentat devait-il être commis ? Le 1er mars, la cour avait été passer les jours du carnaval au palais de Salva-Tierra ; on y avait joué des petites pièces de théâtre, où le marquis de Loulé, lui-même, avait rempli par complaisance un rôle ; l'infant s'était occupé de son costume, avait même arrangé sa coiffure en plaisantant ; lorsque au milieu de la nuit le malheureux marquis, se retirant chez lui, après avoir quitté le roi, est saisi dans un corridor par deux hommes qui le terrassent (1), l'étouffent afin que ses cris ne puissent être entendus, et, pour s'assurer qu'il ne peut reprendre connaissance, lui en-

____

(1) Les détails de cet affreux assassinat ont été connus par l'enquête, quoiqu'ils n'aient point été publiés. Ils sont horribles. Il paraît que les deux hommes qui saisirent le marquis lui jetèrent sur la tête un sac pour étouffer ses cris, qu'en même temps un troisième individu, et on ne nomme point celui-là, lui asséna sur la tête un coup de marteau qui l'étourdit, et que c'est après qu'on lui enfonça l'instrument de fer sous le menton.

foncent dans la tête un fer tranchant qui le perce de la gorge au crâne ; après cette horrible exécution, les mêmes hommes le transportent d'abord sous une table dans la salle du trône (1), et deux heures après dans les ruines d'un bâtiment attenant au palais qui venait d'être brûlé. Le lendemain, à la pointe du jour, des ouvriers qui passèrent près de cet endroit, voyant briller quelque chose au milieu des débris, s'approchent et trouvent le corps d'un homme en uniforme : c'était le cadavre du marquis, vêtu comme la veille avec toutes ses décorations, et ses habits n'ayant point été mouillés, quoiqu'une forte pluie fût tombée la veille au soir, ce qui prouve qu'il avait été transporté dans ce lieu peu d'heures avant. Quels étaient les hommes, les misérables qui avaient commis cet attentat ? On le suppose, on le sait ; une des princesses, en l'apprenant, prononça le nom du meurtrier. C'est à l'histoire à le dévoiler.....

On se figure aisément l'effet que dut produire cet affreux événement sur le malheureux roi déjà si accablé par les chagrins qu'il avait éprouvés ; il ordonna une enquête, mais les événemens qui se passèrent la rendirent inutile. Le dénouement de ce drame horrible se préparait et la catastrophe était aisée à prévoir.

---

(1) Des traces de sang firent supposer cette circonstance, qui fut connue par l'enquête ; il était deux heures du matin lorsque le meurtre eut lieu.

CHAPITRE III.

Seconde tentative d'usurpation de D. Miguel.

> *Cui nihil unquàm nefas fuit nec in*
> *facinore , nec in libidine.*
> Cic., Pr. Mil. , 27.

> Πηλον αἵματε πεφρανμενον.
> Suet., In vit. Tib., lib. LVII.

> C'est un être qui se croit tout permis dans
> le crime et dans les passions : c'est de la boue
> pétrie avec du sang.

L'infant D. Miguel s'était assuré d'une partie de l'armée, par les nombreux changemens qu'il y avait opérés, par l'avancement qu'il avait accordé à ses créatures, par l'éloignement surtout de ceux sur lesquels il ne croyait pas pouvoir compter. Lorsque toutes ses mesures furent prises, le 30 avril, il fait sortir les troupes des casernes, les fait ranger sur la place du Roscio, leur adresse une proclamation conçue dans des termes violens; il annonce au peuple qu'il veut recommencer le 27 mai 1823, et exterminer la secte des francs-maçons; ses troupes séduites, le peuple égaré entoure le palais du roi, l'accès en est interdit à tout le monde, au corps diplomatique même. Le seul Beresford y est introduit par une carte particulière de l'infant.

Le malheureux roi, prisonnier dans son palais avec ses filles, manquant de nourriture, n'ayant plus un ordre à donner, allait sans doute périr, ou du moins être obligé d'abdiquer la couronne, lorsque l'ambassadeur de France, M. Hyde de Neuville, dont le caractère loyal ne se démentit point dans cette circonstance, fend la presse à travers les épées et les baïonnettes, se présente à la porte du palais avec quelques membres du corps diplomatique. Les révoltés lui refusent l'entrée et déclarent qu'il leur faut un ordre de l'infant pour arriver jusqu'au roi. « Nous sommes « les représentans des puissances de l'Europe, dit l'am- « bassadeur de France, l'infant n'est qu'un sujet et nous « ne connaissons que le roi ; vous qui osez méconnaî- « tre votre légitime souverain, songez à ce que vous « faites ; on pardonne aux fils des rois qui s'égarent, « mais on pend leurs complices. » Plusieurs membres du corps diplomatique appuient ces paroles ; un fidèle Portugais, le chevalier de Mascarenhas, qui avait été aide de camp de l'infant, élève la voix et dit qu'en effet le roi était maître. Les factieux sont intimidés, les baïonnettes croisées se séparent, et le corps diplomatique arrive jusqu'au roi, qu'il trouve plongé dans la plus profonde douleur, et n'ayant près de lui qu'un de ses serviteurs et lord Beresford, auquel le passage refusé au corps diplomatique avait été accordé sans difficulté. Le monarque déclare qu'il est prisonnier de son fils ; Beresford veut élever la voix pour défendre l'infant, le ministre anglais lui impose silence. M. Hyde de Neuville propose au roi de le conduire sur la place du Roscio, et là, de faire arrêter l'infant lui-même par les troupes et le peuple, dont il se croyait le maître. Le vieux roi refuse dans la crainte même de réussir, et que la fureur du peuple n'aille au-delà de ses désirs.

Bientôt l'infant se présente et déclare qu'il a dû prendre ces mesures pour déjouer des complots contre la vie du roi et de la reine. Le roi répond qu'il n'y a d'autre complot que celui qui le retient captif dans son palais. Sur les remontrances énergiques de l'ambassadeur de France, adressées à la prière du roi à l'infant, on fit rentrer les troupes dans les quartiers, D. Miguel promit de faire relâcher les personnes arrêtées, et le roi reprend un moment d'assurance ; mais bientôt ses inquiétudes se renouvellent en apercevant qu'il est surveillé, et en apprenant surtout qu'une partie des personnes arrêtées vont être transportées hors de Lisbonne.

Ce malheureux prince qu'un sentiment constant de frayeur compromettait et sauvait alternativement, qui se traînait à travers ses ennemis sans avoir l'habileté de les prévenir ni le courage de leur résister, trouva encore cette fois dans sa temporalisation un moyen au moins d'échapper à leurs coups. Ayant l'air de se résigner à son sort, reprenant ses habitudes, il prétexte le désir d'aller respirer un moment à sa campagne de Caxias sur les bords de la mer, et d'y entendre la messe ; mais à peine en pleine mer, il fait changer la direction de sa barque à cent rameurs, et, à force de bras, échappe à la poursuite tardive des bâtimens de la côte; les chaloupes des vaisseaux anglais vont à sa rencontre pour le défendre, il aborde enfin au vaisseau anglais le *Windsor-Castel*, mouillé dans la rade. C'est là qu'il établit sa capitale et retrouve son palais; à l'instant le pavillon royal est hissé au grand mât, la musique se fait entendre, les troupes sont rangées sur le pont, le roi les passe en revue et reçoit de tout l'équipage les honneurs dus à son rang. Bientôt la mer est couverte de barques qui vont se croisant de tous côtés près du palais mobile; c'est là qu'il reçoit le corps diplomatique, et des députations des troupes et des autorités plutôt abusées que séduites. L'infant D. Miguel est mandé à bord du vaisseau : il y paraît en suppliant devant un père irrité, et, pour obtenir son pardon, lui livre le secret de ses intrigues, le nom même, dit-on, de ses complices dans l'assassinat du marquis de Loulé (1), et obtint, à ce prix, l'autorisation d'aller voyager à l'étranger, et d'aller prouver, par une autre conduite, son repentir et son changement. Il partit le lendemain, et montra un vif regret de se séparer d'avec ses sœurs, qu'il laissait à bord du vaisseau; son père lui-même n'y fut pas insensible. Le même jour était l'anniversaire de sa naissance, et il voulut que la réception eût lieu comme de coutume; pour la

---

(1) On a supposé que c'étaient le marquis d'Abrantès et les sieurs Cordeiro et Verissimo, parce que leurs noms furent spécialement exceptés de l'amnistie générale accordée par un décret de Jean VI. (V. *Revue d'Edimbourg*, page 418, décembre 1831.)

première fois peut-être on vit une semblable cérémonie à bord d'un vaisseau. Les princesses, les dames de leur suite couvertes de diamans, les grands de la cour, les généraux, le corps de l'État, se rendent à ce palais flottant, que le roi ne quitta que le lendemain.

L'infant, embarqué sur une frégate française avec son gouverneur, M. de Rio-Major, aborde à Brest, et déjà, dans cette ville, reprend ses habitudes grossières et ses penchans vicieux. Arrivé à Paris, Louis XVIII le reçoit froidement, lui fait une leçon sévère. En vain il lui remet un mémoire justificatif; ses goûts dépravés (1), ses mauvaises manières, son ton dégagé (2), déplaisent à cette cour, qu'il désire promptement de quitter, malgré les intentions de son père. Il envoie demander des passe-ports pour Vienne au ministre de Portugal, le chevalier Britto, qui, d'après les ordres qu'il avait reçus, les lui refuse.

---

(1) Il fréquentait surtout les combats d'animaux à la barrière du Trône, et il eut une dispute avec les bouchers dont il voulait faire tuer les chiens. Il allait à Alfort trépaner des moutons. Le peu d'animaux qu'il trouva à l'hôtel Meurice, où il logeait, passèrent mal leur temps. Il tua de sa main le chat de madame Meurice, qu'elle aimait beaucoup, et il l'obligea de le lui faire accommoder en civet. Il coupait les pattes des poules et leur en attachait d'autres en bois assez bien faites, mais qui leur plaisaient moins, et il les fouettait jusqu'à ce qu'elles eussent marché.

(2) Il venait à cheval à Saint-Cloud, où il se présentait en bottes et en frac; la dauphine le fit un jour consigner, et on lui refusa l'entrée.

L'infant entre en fureur, se saisit d'une épée et se fait conduire au logement de Britto, pour le tuer. Heureusement pour lui, il était absent; on vient l'avertir à l'Institut, où il se trouvait. Ce brave homme, peu accoutumé à de pareilles scènes, est saisi de frayeur; il se réfugie dans une maison où il reste deux jours, et ne rentre chez lui qu'avec une escorte; mais l'effroi qu'il éprouva lui causa la maladie dont il mourut peu de temps après. Les ministres d'Autriche et de Bavière refusent également des passe-ports à D. Miguel, qui, s'adressant au nouveau roi Charles X, en est mal reçu (1); enfin, s'étant procuré des passe-ports pour Baden, et de là pour Munich, il obtint enfin la permission de se rendre à Vienne.

L'empereur d'Autriche, plein d'affection pour tout ce qui tient à sa famille, avait été préoccupé de la situation si précaire d'un prince son parent, et espérait que son séjour dans un intérieur où il trouverait tant d'exemples de vertus, dans une ville où en général les mœurs sont pures et les manières élégantes, adoucirait, changerait peut-être ses inclinations vicieuses; il entreprit pour ainsi dire sa conversion, et mettait de l'amour-propre à y réussir; il l'accueillit donc avec bonté, et, dès le lendemain de son arrivée, l'invita à un dîner de famille en l'honneur du mariage de l'ar-

---

(1) D. Miguel osa lui dire qu'on le retenait prisonnier. Charles X lui répondit que la possession de personnes de son caractère n'était pas assez précieuse pour qu'on mît du prix à les garder.

chiduc François, et auquel assistait le feu roi de Bavière. D. Miguel voulut, sur la fin du repas, prendre
la parole pour justifier sa conduite avec son père, mais
l'empereur l'interrompit en lui disant : « Il n'est rien
qui puisse excuser votre conduite; ce que je puis faire
de mieux, c'est de ne pas vous permettre de continuer
votre discours, et de vous conseiller, comme un vieux
parent, de profiter des exemples que vous fournit la
famille dans laquelle vous allez vivre : si je suis aimé
d'elle, c'est que j'en suis respecté. Puisse-t-elle vous
inspirer les mêmes sentimens! » Il est vraisemblable, en
effet, que D. Miguel, accueilli par cette respectable
famille, aidé des conseils et de l'appui d'un souverain
puissant, aurait renoncé à ses criminelles entreprises,
s'il n'eût été soumis à l'ascendant d'une femme qui avait
pris sur lui un éternel empire. La reine, sa mère, était
parvenue à renouer avec lui une correspondance par
l'intermédiaire de M. d'Acosta, ambassadeur d'Espagne. Cette femme ambitieuse, restée en Espagne pour y
entretenir ce foyer d'intrigues, de complots, que le
parti apostolique étendait dans toutes les cours,
était puissamment secondée à Madrid par les deux
princesses portugaises, ses filles, mariées à des princes
espagnols; une surtout, veuve de l'infant D. Pedro,
et distinguée à la fois par l'esprit et la beauté. Jean VI
ne jouit donc jamais de la tranquillité qu'il eût fallu
avoir pour donner des institutions à son pays, mais
son administration fut paternelle. Le décret d'amnistie
est un monument touchant de clémence et de bonté;
son édit sur la séparation définitive du Brésil et du

Portugal montre une prévision et une haute sagesse; il conçut que l'indépendance de la colonie était consacrée de droit par onze ans de séparation, d'habitude; et il donnait ainsi un exemple de sagesse, que l'Espagne s'obstinait à méconnaître envers ses propres colonies, et dont elle lui sut mauvais gré. Il se disposait enfin à donner au Portugal une constitution, que les intrigues du parti apostolique avaient éloignée, lorsqu'il fut frappé de mort, les premiers jours de mars.

Les circonstances de sa maladie firent croire qu'il avait été empoisonné, et on désigna la main qui avait commis ce crime; mais assez d'autres soupçons planent sur ces têtes coupables, sans leur chercher encore d'autres forfaits. Sans doute on peut dire qu'il mourut de leurs mains, car ce furent certainement les chagrins de la vie privée, le peu de consolation qu'il éprouvait, qui hâtèrent sa mort. Relégué dans la solitude de Mafra, abandonné, pour ainsi dire, à ses derniers momens, son existence causait une sorte de pitié, sans que sa mort laissât de regrets. Honnête homme, mais étranger à l'art de gouverner, et cependant appelé à régner dans les temps les plus difficiles et dans deux pays absolument distincts, il se laissa plutôt diriger par les événemens, que lui-même ne les dirigea. Fils d'une mère folle, mari d'une mégère, père d'un rebelle, roi sans pouvoir avec un sceptre absolu, il eut une vie triste et une mort plus triste encore. Comme simple particulier, on eût estimé ses bonnes qualités, sa bienveillance, sa justice : comme roi il fut nul, et on aurait pu dire de lui ce que Tacite dit de Galba, *capax imperii nisi imperâsset.*

La princesse Isabelle, sa fille, avait toujours eu pour lui des soins touchans ; il la nomma, avant de mourir, présidente d'un conseil de régence, jusqu'au moment, disait-il, où l'héritier légitime aurait donné des ordres à cet égard (1). Cet héritier légitime était, sans contredit, D. Pedro, empereur du Brésil, que son éloignement, forcé d'abord et volontaire après, n'avait pu faire considérer comme étranger, et dont la séparation n'entraînait pas la perte de droits qu'il lui appartenait d'exercer lui-même, à son choix, entre ces deux pays, ou de déléguer suivant l'ordre de la succession. C'est ainsi, en effet, qu'il fut reconnu, quoique absent, et cela par sa mère, son frère, toute sa famille, tous les corps de l'État et les ministres étrangers. Une députation, composée de trois membres, du clergé, de la noblesse et du tiers-état, fut envoyée à la cour du Brésil pour lui annoncer et la mort de son père et son élévation au trône. *Nous venons*, dit le duc de Lafoens, *présenter à votre majesté, l'hommage qui lui est dû, comme notre roi naturel et souverain légitime.* Cet événement était cependant de nature à jeter du trouble en Portugal et de l'embarras entre les cabinets étrangers ; cette séparation du Brésil, les anciennes lois portugaises qu'il était possible d'interpréter de

_____

(1) A la suite de cette déclaration est un édit par lequel l'empereur D. Pedro est désigné comme l'héritier et le successeur des couronnes des deux royaumes.

manières diverses, pouvaient entraîner des difficultés. Un projet conçu, à ce qu'on croit, depuis long-temps entre l'Autriche et l'Angleterre, fut mis en évidence et approuvé à l'instant par le prince de Metternich. Il consistait à envoyer du Brésil la princesse de Beira (dona Maria da Gloria), fille aînée de D. Pedro et de l'archiduchesse Léopoldine, pour gouverner au nom de son père avec une régence ; et lorsque cette jeune princesse, alors dans sa septième année (1), serait d'âge à se marier, elle serait déclarée reine et épouserait son oncle, l'infant D. Miguel, dont on supposait que le caractère et l'esprit se seraient formés pendant la durée de cette régence, supposition malheureuse que le passé démentait et que l'avenir ne pouvait jamais justifier.

Tel avait été le projet du cabinet autrichien, et il paraît que l'empereur D. Pedro l'avait adopté d'avance : car, à la première nouvelle de son avénement au trône, presque simultanément il confirma la régence, accepta la couronne, et l'abdiqua en faveur de sa fille, qui devait être fiancée à l'infant D. Miguel. Mais il voulut, avant tout, donner au Portugal une constitution (*Carta de Lei*), et faire de l'acceptation de cette constitution la condition de son abdication. Toutes ces résolutions arrivèrent à la fois en Portugal, apportées par sir Charles Stuart, qui avait été envoyé au Brésil en qualité d'ambassadeur d'Angleterre, et comme médiateur entre le Portugal et le Brésil ; ce

---

(1) Elle était née en août 1819.

fut lui qui, en qualité de plénipotentiaire de Portugal, signa le traité par lequel celui-ci reconnut l'indépendance du Brésil.

La nouvelle constitution fut présentée à la sanction du peuple, à Lisbonne, et dans toutes les villes du royaume, et fut partout accueillie avec des acclamations de joie; on ouvrit un registre où la majorité des citoyens portugais déclara, sans aucunes restrictions et sans aucunes réserves, qu'elle l'acceptait; un seul noble dans tout le royaume refusa d'y prêter serment, pas un seul dans le haut clergé; deux curés seulement s'y refusèrent, ainsi que deux chefs de congrégations religieuses, et cela dans une nation de cinq millions d'hommes.

En effet, cette charte présentait toutes les garanties de liberté et d'ordre public qu'on pouvait désirer. Faite à l'image des constitutions française, anglaise et américaine, elle offrait la véritable balance et l'équilibre social que les Français auraient dû introduire en Espagne, et qui auraient, sans doute, assuré le bonheur et la gloire de ces deux pays. Une chambre des pairs, composée de toutes les sommités sociales, prise dans le clergé, la noblesse et la haute industrie, tous les noms historiques du Portugal, présentait la masse de la grande propriété, plus de la moitié de tout le sol. La chambre des députés était formée par deux degrés d'élection (1), mode à la fois plus démocratique et plus

---

(1) Les assemblées primaires ou de paroisse nommaient le corps électoral; il fallait, pour en faire partie, justifier de 600 fr. de

aristocratique que le nôtre, en ce qu'il fait arriver les suffrages presque universels, ou au moins participer à l'élection un plus grand nombre de citoyens, et cependant restreint le choix des députés à un plus petit nombre.

Sans doute, plusieurs intérêts pouvaient se trouver froissés par ce nouvel ordre de choses; mais le temps leur aurait apporté en compensation plus d'avantages qu'ils n'éprouvaient de pertes. La haute noblesse, placée tout entière dans la chambre des pairs, à côté d'hommes respectables de toutes les conditions, se serait peu à peu accoutumée à cette union des grandes notabilités de tout genre, et les aurait admises plus facilement encore si on lui eût concédé à perpétuité, et moyennant une redevance proportionnée, les biens domaniaux engagés qui font le patrimoine des plus grandes familles, et que la première constitution menaçait de faire rentrer au trésor. L'existence de pairs lui aurait donné une indépendance de la cour qu'elle n'avait pas depuis 1640. Le haut clergé, en général assez éclairé, aurait acquis par là une existence politique, légale, qu'il aurait su apprécier, et qui l'aurait porté à souffrir et même à encourager la sécularisation des ordres monastiques, et la vente des biens d'une partie du clergé. Il eût été plus difficile de satisfaire la magistrature, et surtout les administra-

---

revenu. Le corps électoral nommait les députés; il fallait, pour y siéger, avoir 1,200 fr. de rente, et pour être député 2,400, ce qui suppose chez nous le cens de 80 fr., 120 et 250.

tions provinciales et municipales ; mais les lois particulières leur auraient conservé leur droit d'élection et
leur influence particulière. Quant à l'assiette des impôts, le pays étant peu endetté, et les dépenses de
l'État pouvant être votées annuellement, et débar-
rassées de beaucoup de charges inutiles, ils n'auraient
point affecté particulièrement l'état des fortunes ni
amené de soulèvement. Ce qu'il fallait, c'était gagner du temps, afin qu'on pût apprécier les institutions. Les Portugais, ayant éprouvé à la fois les
inconvéniens d'un pouvoir sans contrôle et d'une anarchie sans pouvoir, étaient disposés à adopter une
forme de gouvernement intermédiaire dont l'expérience des autres pays avait fait connaître les avantages. Aussi la princesse Isabelle fut-elle vivement ap-
plaudie lorsqu'elle prononça avec force dans les cortès
ces paroles : « Oui, je la soutiendrai cette charte im-
mortelle, je la soutiendrai comme unique planche de
salut de notre existence politique. Malheur à ceux
qui s'y opposeront ! la loi les punira sans pitié, et je
serai aussi inexorable que la loi. » Si cette ferme volonté eût été secondée par les dépositaires de l'autorité,
que de malheurs n'auraient point été évités ! Mais il
fallait pour cela s'attacher à combattre et à terrasser
la puissance aristocratique et monacale qui débordait
sans cesse d'un pays voisin.

L'Espagne, qui depuis long-temps exerçait sur le
Portugal l'influence qui avait jadis appartenu à l'Angleterre ; l'Espagne, grâce à notre funeste et coupable
expédition, venait, après quelques mois d'une éphé-

mère liberté, de retomber sous le joug du despotisme et de la superstition ; l'armée d'un pays constitutionnel était venue y détruire la liberté sans la remplacer par l'ordre et la justice, sans même soutenir une ordonnance d'amnistie écrite en entier de la main du prince victorieux (1). Cette nation généreuse, victime pour la seconde fois d'un parti implacable, voyait tous les jours les marches du trône inondées du sang de ceux qui l'avaient élevé ; des régimens portant encore les noms sacrés de *Sagonte,* de *Numance,* de *Cantabres,* entouraient les échafauds de Riégo et des autres martyrs de la liberté. Une nation aussi abusée, un gouvernement aussi pervers, pouvait-il voir sans crainte, ou seulement avec indifférence, la loi, je ne dis pas même la liberté, s'établir sur ses frontières, élever sa voix au milieu du silence des tombeaux ? Ne devait-il pas employer tous les moyens d'y exciter des troubles, d'y apporter la guerre civile ?

En effet, à peine la nouvelle charte fut-elle proclamée, que les intrigues espagnoles parvinrent à soulever et à faire déserter les régimens 14ᵉ, 17ᵉ et 24ᵉ, un bataillon de chasseurs et le régiment de cavalerie n° 2. Ces troupes n'avaient aucune idée fixe, elles étaient conduites par quelques ambitieux qui criaient tantôt, *vive D. Miguel,* tantôt, *vive la reine Charlotte :* ce dernier nom leur plaisait même davantage. Des soldats de tous les corps se rendaient isolément au

---

(1) L'original de l'ordonnance d'Andujar se trouve au Dépôt de la guerre.

château de Quelus, et en revenaient avec de l'argent ; quand, tout à coup, on apprit que la garnison entière d'Almeida était passée en Espagne. Le célèbre marquis de Chaves avait repris les armes; mais les bonnes dispositions du comte de Villaflor, du comte d'Alva, gouverneur des Algarves, tinrent en échec ces différens corps et les empêchèrent de rentrer en Espagne.

Ce qui offre un singulier contraste dans les révolutions de cette époque, c'est qu'en même temps que les mécontens du gouvernement portugais se retiraient en Espagne, les réfugiés constitutionnels de l'Espagne cherchaient un asile en Portugal, et les uns et les autres voulaient garder leurs armes, leurs grades, pour rentrer dans leur patrie et détruire, les uns, le gouvernement absolu, les autres, la constitution. Des explications assez vives eurent lieu entre les deux cours, et il fut enfin convenu, par l'intermédiaire des cabinets étrangers, que les deux gouvernemens garderaient chacun les réfugiés de chez leur voisin, mais sans leur permettre de conserver leurs armes.

Le Portugal fut fidèle à cet engagement; mais l'Espagne le fut si peu, que de nouveaux troubles se manifestèrent sur plusieurs points, et que l'inquiétude, la désaffection se reproduisirent partout en Portugal, et qu'il fallut avoir enfin recours à des mesures violentes. Les cortès venaient, conformément à la nouvelle constitution, d'ouvrir leur première session. La princesse régente avait, dans un excellent discours, montré que le Portugal avait été, dès les temps les plus reculés, une monarchie représentative, et annonçait le désir de maintenir de tout son pouvoir les institutions. Mais comment les maintenir ces institutions, lorsque sur toutes les frontières, ainsi que nous l'avons dit, des insurrections évidemment suscitées, soudoyées, montraient à découvert l'intervention perfide de l'Espagne, sa conduite astucieuse, et l'appui que, contrairement à ses instructions mêmes, l'ambassadeur de France lui accordait, et le peu d'intérêt que les autres puissances, celles surtout de la sainte-alliance, attachaient au maintien de l'ordre légal en Portugal? C'est alors qu'il fallait déployer une grande force, et, ainsi que le proposait un député, déclarer la patrie en danger, les chambres en permanence, supprimer les formalités judiciaires à l'égard des ennemis déclarés de la constitution, et destituer tous les fonctionnaires civils et militaires, ecclésiastiques, en relation avec les rebelles ; mais la fin de la session ne permit même pas de discuter ces questions, et il fut seulement décidé que, conformément au traité existant, il serait demandé à l'Angleterre des troupes, des secours pour défendre le Portugal contre toute atteinte étrangère.

Ces troupes, en effet, arrivèrent vers le commencement de l'an 1827, au nombre de 6 à 8 mille hommes, avec une artillerie considérable : les constitutionnels avaient de plus, pour eux, le gouvernement organisé, les places fortes, le matériel de l'armée et de la marine, la population industrielle, le haut commerce, et de 25 à 30 mille hommes, mais dont une grande partie était disséminée, pour contenir les mécontens. Les insurgés comptaient environ 12 mille hommes, sous les ordres des généraux Magassé, Montalegré, etc. Trouvant en Espagne de l'argent, des armes, des munitions, et dans les provinces de Tras-os-Montes et de Beira, une partie de la population disposée à les seconder ; confians dans ce secours, dans cet appui, plusieurs colonnes d'insurgés se mirent en mouvement des environs d'Almeida pour percer sur Coimbre ; mais le comte de Villaflor les attaqua dans la Sierra d'Estrella, les battit, les dispersa, et après différens combats plus ou moins sanglans, il fut possible de proclamer avec assurance la fin de cette guerre intestine, le retour de l'ordre et du règne des lois. Aucun événement ne semblait devoir altérer désormais le repos du Portugal ; l'Espagne même ne devait plus en prendre ombrage ; car elle ne fut jamais moins troublée par les agitations populaires que pendant ce court espace de temps où la liberté semblait affermie si près d'elle. Tout enfin présageait à l'heureuse Lusitanie un avenir tranquille et glorieux, lorsqu'un événement imprévu, inattendu, funeste, vint changer le sort de ce pays ; ce fut la nomination, par l'empereur don Pedro, à la demande de différens cabinets de l'Europe, de l'infant don Miguel à la régence du royaume sitôt qu'il aurait atteint l'âge de vingt-cinq ans, c'est-à-dire le 26 octobre suivant.

Nous allons exposer comment cet événement avait été préparé, et quelles en furent les suites fatales.

CHAPITRE IV.

Usurpation de D. Miguel et son élévation au trône.

> *Inhumana crudelitas, perfidia plus quàm punica, nihil veri, nihil sancti, nullus deûm metus, nullum jusjurandum.*
>
> Tit.-Liv., 21. 4.
>
> Cruauté monstrueuse, perfidie plus que punique ; rien de vrai, rien de sacré, aucune crainte des dieux, aucune fidélité aux sermens.

Nous avons laissé l'infant D. Miguel au milieu de la famille impériale, à Vienne, jouissant dans cette ville d'une existence agréable, d'une haute protection, de tout ce qui pouvait influer sur son caractère, son avenir et le bonheur de son pays. Ceux qui ne jugent du gouvernement de l'Autriche que par sa politique extérieure ont une idée fausse du caractère des princes et même des ministres qui gouvernent ce pays. Il est peu de familles parmi les particuliers qui réunissent autant de vertus privées, de bonté naturelle, de simplicité que les princes et princesses de cette maison. Père, oncle, grand-père ou grand-oncle d'une quantité d'enfans, l'empereur François est adoré de tous ; il s'occupe du sort de chacun, les suit dans leur carrière. Il agit presque de même envers ses sujets, qui s'adressent à lui directement dans beaucoup de circonstances de leur vie; il accorde audience à tout le monde deux jours de la semaine, et cette sorte de bienveillance continuelle tient lieu en partie ou du moins dédommage de l'absence d'autres institutions plus positives, sur lesquelles le pays n'a pas encore d'idées bien arrêtées. Économe des revenus de l'État, l'empereur couvre presque entièrement les dépenses de sa maison des revenus de ses domaines privés, qu'il administre lui-même, et dont il fait vendre comme Charlemagne les produits. Le prince de Metternich, enfin, que l'on croit si opposé aux idées nouvelles, les éloigne, sans doute, autant qu'il peut des pays qui lui sont confiés et où elles ne sont pas connues; mais il est loin de vouloir les attaquer, les proscrire, là où elles sont devenues partie intégrante de l'existence, un besoin social qu'il admet surtout pour la France, dont il connaît autant qu'un Français la langue, les mœurs et les intérêts. On l'a vu désapprouver hautement et manifester les fautes de l'ancien gouvernement, et surtout cette influence des prêtres et des courtisans qui n'est point connue en Autriche.

D'après ces dispositions de la famille impériale, cette sécurité politique des princes, on ne doit pas être étonné qu'ils aient tous été dupes de la conduite de l'infant parmi eux et des apparences de changement qui se manifestaient dans ses discours et ses actions. Les paroles qu'il donnait sans affectation, sans réticence, paraissaient de bonne foi; et lorsqu'il hésitait ou différait à accorder son consentement à quelque proposition, on supposait que son acquiescement était d'autant plus sincère, qu'il avait été moins précipité. C'est ainsi que l'infant, apprenant la mort de son père, en témoigna sans exagération ses regrets, et, peu de jours après, remit à M. de Resende, alors ambassadeur de Portugal, une lettre pour son frère (1), l'empereur D. Pedro, où il l'assurait de son respect, de son affection, et qu'il adressait *à Sa Majesté Très-Fidèle, le roi mon auguste frère et seigneur.* Il écrit le même jour, 6 avril, à l'infante régente, et lui parle du profond chagrin que lui cause la perte irréparable qu'ils viennent d'éprouver, et du respect inviolable qu'ils doivent *aux volontés souveraines de leur bien-aimé père et seigneur,* ajoutant qu'il voit avec indignation que *quelques personnes mal intentionnées, ayant des vues sinistres et répréhensibles, cherchent à exciter dans le royaume des troubles déloyaux et criminels, en se servant de son nom pour mieux déguiser leurs pernicieux desseins.* Dans une seconde lettre à son frère, du 12 mai, il lui renouvelle l'expression des sentimens purs de loyauté qu'il éprouvait envers son auguste personne, qu'il regardait *comme son seul souverain*

---

(1) Exposé des droits de S. M. T. F. Pièces justificatives. On trouve tous les documens sur cette époque dans le Mémoire de M. le marquis de Resende, dans les journaux du temps, et surtout l'Annuaire de M. Lesur, que j'ai beaucoup consulté.

43

légitime, et que *la Providence, en les privant tous les deux d'un père* si vivement *regretté, avait daigné conserver généreusement pour adoucir la douleur qui l'accablait* (1).

Il en fut de même lorsqu'il reçut la nouvelle de la charte proclamée par l'empereur, de son abdication conditionnelle en faveur de dona Maria et de son union avec elle.

L'hésitation qu'il montra, pendant quelques jours seulement, à prêter le serment, fut trouvée naturelle; et lorsqu'il céda, l'empereur d'Autriche, persuadé qu'il était de bonne foi, se félicitait d'avoir entraîné sa conviction par les bonnes raisons qu'il lui avait données (2).

L'infant prêta le serment demandé le 4 octobre (3).

(1) L'infante lui ayant répondu le 11 mai, il lui écrivit une autre lettre le 12 juin, où il lui disait : « Connaissant combien « vous êtes exempte d'ambition, écueil sur lequel tant de carac- « tères vertueux ont failli échouer, je conçois aisément combien « vous vous êtes fait violence en consentant à remplir le devoir « épineux dont la suprême et dernière volonté de notre auguste « père et empereur vous a chargée, en attendant que le succes- « seur légitime de la couronne ait pris les mesures qu'en qualité « de souverain il lui appartient de prescrire, et auxquelles nous « devons tous nous soumettre. »

(2) Cette hésitation portait moins sur la charte elle-même que sur le droit qu'il avait cru avoir, par l'article 94 de cette même charte, à la régence, et pour lequel il fit, en effet, une sorte de protestation ou réclamation.

(3) Il était ainsi conçu : « Je jure d'observer, de faire exécuter « et de maintenir la charte constitutionnelle décrétée et con-

Les fiançailles eurent lieu le 29 du même mois. Cet acte fut signé par l'empereur, les archiducs et le prince de Metternich, comme témoins (1).

Les conversations de D. Miguel fortifiaient encore ces actes, et ajoutaient à la confiance qu'il avait inspirée. « Que puis-je faire de mieux, disait-il un jour « à l'archiduc Ferdinand, que de gouverner avec la « constitution? Le pouvoir royal est, sans doute, moins « absolu; mais il est plus assuré. On ne craint point de « révolutions dans les pays où les révolutions sont « faites (2). »

Ces paroles, rapportées à l'empereur François, d'autres témoignages qu'il croyait également certains, l'entraînèrent à se joindre à la cour de France, pour ob-

---

« cédée par notre roi, le seigneur D. Pedro IV, le 29 avril 1826, « (il le regardait donc bien comme roi de Portugal; sans cela « il eût dit : D. Pedro Ier) au royaume de Portugal et des Al- « garves, aussi exactement et aussi fidèlement qu'il le prescrit. »

(1) Pièces justificatives de l'Exposé des droits, p. 16, 29, 30.

(2) Le prince de Metternich, dans une dépêche datée de Vienne le 18 octobre 1827, s'exprime ainsi : « D. Miguel commença ensuite à me parler avec chaleur de la ligne de conduite qu'il se proposait de suivre à son arrivée à Lisbonne, et je fus surpris, je l'avoue, de la rectitude des principes et de la sagesse des vues qu'il me développa avec un ordre et une clarté remarquables. La manière dont l'infant s'est expliqué vis-à-vis de moi dans cette circonstance ne me permet pas de douter qu'il est dans les meilleures dispositions, et *qu'il est non-seulement fermement résolu de maintenir la charte, mais qu'il en sent lui-même l'importance et la nécessité.* (*Revue d'Edimbourg,* décembre 1831, page 418.)

tenir de D. Pedro qu'il conférât la régence du Portugal à D. Miguel, qui paraissait même à la cour d'Angleterre plus capable que la princesse Isabelle de tenir les rênes du gouvernement. On allait jusqu'à dire que la conduite de D. Miguel dans les années 1823, 1824, toute répréhensible qu'elle avait été, pouvait être attribuée à de mauvais conseils; mais qu'elle prouvait cependant, dans l'exécution, un homme d'un caractère ferme, résolu, actif, et qui pouvait mieux contenir dans ce pays les différens partis qui l'agitaient, qu'une jeune princesse dont on croyait la santé plus chancelante qu'elle ne l'était réellement.

M. Neuman, en allant porter au Brésil le serment du prince et l'acte des fiançailles, fut donc, pour le malheur des Portugais et de l'humanité, chargé de demander au nom des trois cours, et surtout de la France et de l'Autriche, la régence pour D. Miguel.

Quoique tant d'apparence, tant de dissimulation eussent aveuglé sur le caractère de l'infant, il n'avait pas cependant échappé au regard investigateur de quelques Portugais éclairés qui, occupés sans relâche du sort de leur pays, avaient eu lieu de s'informer des trames secrètes de l'infant, et ne les avaient pas perdues de vue un moment.

Ils avaient su que, pendant son séjour à Vienne, lorsqu'en apparence il se livrait à des occupations sérieuses ou frivoles, étrangères à la politique, il n'avait cessé d'entretenir, par l'entremise du ministre d'Espagne d'Acosta, une correspondance suivie avec ses sœurs d'Espagne; que les lettres qu'il avait reçues après la mort de son père contenaient l'assurance que l'Espagne n'attendait que le moment où il serait déclaré régent de Portugal, pour le reconnaître non-seulement comme roi de Portugal, mais même du Brésil, ce qu'elle fit, en effet, l'année suivante.

Déjà, le jour même où le prince de Metternich reçut les dépêches portugaises qui lui annonçaient la mort de Jean VI, un autre courrier secret apporta de Paris, à M. Mello, chambellan de l'infant, des instances pressantes pour que, soit du consentement, soit contre l'avis de l'Autriche, il se rendît en Portugal pour prendre la couronne. Un complot avait même été formé pour l'enlever et le conduire à Gênes ; et, quant à ses sermens et aux lettres qu'il avait écrites, il eut soin de faire préparer le brouillon par différentes personnes, afin de pouvoir dire qu'il avait été forcé de les écrire sous la dictée du ministère. Différentes circonstances, et surtout (1) la mort presque subite de son gouverneur M. de Rio-Major, firent aussi craindre que son caractère féroce (2) ne fût pas changé. Tous ces faits étaient parvenus à la connaissance de D. Pedro,

---

(1) D. Pedro reçut un avis positif du général Saldanha, où toutes les intrigues de l'infant étaient détaillées ; mais les dépêches étaient déjà parties pour l'Europe.

(2) On suppose que c'est lui qui fit périr M. de Rio-Major ; et en effet, ayant été un jour maltraité par son père pour lui avoir désobéi, il tenta de le faire tomber à la chasse dans un précipice qu'il avait fait recouvrir de planches et de sable, et depuis il lui garda toujours une haine violente.

qui hésita quelque temps, et qui, enfin, se détermina par l'idée de la faiblesse de santé de l'infante Isabelle et la crainte de laisser le royaume dans l'anarchie (1). Dans sa notification du décret de nomination, il ajouta cependant qu'il révoquait les pouvoirs qu'il lui déléguait, et qu'il reprendrait entre ses mains l'autorité royale, si le prince violait ses droits, ceux de sa fille ou la charte portugaise.

A peine cette nouvelle fut-elle parvenue à la cour de Vienne, que n'ayant plus intérêt à dissimuler, l'infant cessa de prendre autant de ménagemens. Il annonça son départ et l'intention formelle où il était de prendre sa route par l'Espagne. C'était indiquer qu'il allait se mettre à la tête du parti qui, depuis long-temps, attendait sa présence.

L'empereur et ses ministres eurent beaucoup de peine à le faire changer d'avis, et ils n'y réussirent qu'en lui laissant craindre une révocation de pouvoirs que le ministre de Portugal paraissait avoir le droit d'exercer. Il recourut alors à son ancien système de dissimulation. Dans sa réponse à D. Pedro, le 19 octobre, il le remercie de sa confiance, et prend l'engagement de se conformer en tout à sa détermination souveraine. Le même jour, il écrit dans le même sens à sa sœur, la régente, et au roi d'Angleterre (2).

---

(1) Voyez le mémoire de M. de Resende et l'exposé des droits de dona Maria. Pièces justificatives.

(2) Recueil parlementaire imprimé par ordre de la chambre, 1829.

Il partit de Vienne le 6 décembre 1827, et arriva le 19 à Paris, où il parut à la cour sous des formes plus convenables, mais sans rien laisser percer de ses projets.

Il en fut de même à Londres, où on lui avait ménagé une réception brillante; celle que lui fit lord Wellington, à sa campagne, contrasta bien singulièrement avec l'indifférence que sa seigneurie témoigna à l'empereur D. Pedro, chez lequel il se borna à envoyer une carte de visite, à son passage en Angleterre.

Parti de Plymouth le 6 février 1828, D. Miguel débarqua à Belem le 22 février, et le peuple, répandu sur le quai, salua son arrivée par des acclamations multipliées; la foule se précipita au devant de lui : on semblait avoir oublié ses offenses et ne plus penser qu'au bien qu'il pouvait produire, au bien qu'il devait vouloir opérer. Oh! quelle renommée! quelle estime publique l'attendait, s'il eût voulu chercher ses intérêts dans ses devoirs! tous les partis avaient besoin de lui; mais il n'en reconnaissait qu'un, celui qui pouvait satisfaire sa basse, sa cruelle ambition. Quelques heures plus tard, on vit déjà des groupes d'hommes du bas peuple, conduits par quelques chefs préposés, se présenter sous les fenêtres du palais et saluer le prince des cris de *vive le roi D. Miguel! vive le roi absolu !* Aucune mesure ne fut prise pour les dissiper, aucune proclamation aux troupes ne rassura l'opinion, et de sinistres présages commencèrent à se répandre.

La régente par intérim, l'infante Isabelle, princesse

vertueuse et bonne, mais d'une santé faible, désira résigner le gouvernement, ce qui eut lieu en présence des pairs et des députés, et d'un grand concours de spectateurs. D. Miguel, en recevant ce dépôt sacré, devait jurer sur les saints livres de le maintenir. Tous les regards sont fixés sur lui ; un mélange de crainte superstitieuse et de dissimulation se remarque sur son visage ; ses beaux traits sont visiblement altérés ; il lève la main sur les Évangiles, mais il prononce à peine et d'une voix faible les paroles. Le patriarche, dit-on, couvre de son camail le livre, et, se plaçant devant lui, intercepte les regards de la multitude : on assure même que le livre n'était point un Évangile. Du reste aucune parole confirmative de ce serment ne vint en attester la franchise. Le silence même qui succéda à cette démonstration fausse, interrompu en plusieurs momens par les cris de *vive le roi absolu!* qui se faisaient entendre au dehors, donna à cette cérémonie le caractère des scènes du moyen âge, et causa dans tous les esprits une vive inquiétude.

Ce serment ne fut enregistré ni à la chambre des pairs, ni à celle des députés ; dans l'une et dans l'autre, des hommes courageux en firent l'observation, mais leur éloquence fut étouffée. D. Miguel n'en suivit pas moins son système ; il change à l'instant le ministère, et le choix, dirigé par la reine-mère, porte sur des hommes pris dans la haute aristocratie et parmi les partisans du pouvoir absolu. Tout avait cependant été calme jusque-là ; mais le dimanche 2 mars fut marqué par des désordres avant - coureurs d'une révolution (1). D'abord il se forma, dès sept à huit heures, des attroupemens considérables de peuple et d'officiers sans emploi sous les fenêtres du palais d'Ajuda. Quelques personnages encore attachés au régime constitutionnel essayèrent alors de communiquer au prince les inquiétudes que ces mouvemens leur inspiraient, et lui conseillèrent, dit-on, d'augmenter la garde et de faire fermer les portes et les grilles du palais. Le prince, affectant une entière confiance dans les intentions de la multitude, ne voulut pas qu'on employât la force pour la disperser : bientôt toutes les précautions qu'on eût pu prendre devinrent inutiles ; l'enceinte du palais fut franchie, et, en un moment, la cour, les corridors, le grand escalier, furent encombrés de gens qui pénétrèrent au milieu des gardes jusqu'au salon des archers, où ils s'arrêtèrent cependant, mais en faisant retentir les voûtes du palais, des cris de *Vive le roi absolu ! Vive D. Miguel ! A bas la constitution ! Meurent les libéraux !* cris qui furent répétés au dehors par la multitude, qui remplissait les cours et les avenues du palais.

Cette joie tumultueuse fut un moment troublée par l'apparition de personnages importans qui se rendaient au palais, et qui témoignèrent quelque mécontentement de ce qui se passait. Le général Caula, commandant général de la province, se vit accabler d'injures et pressé dans la foule, d'où il ne sortit qu'avec une

---

(1) LESUR, *Annuaire de* 1827.

contusion au bras, et grâce à l'intervention d'une patrouille. Le comte de Villa-Real, ministre de la guerre, le prince de Schwarzemberg, ministre d'Autriche, et plusieurs autres personnages étrangers ou nationaux, furent également injuriés. Le cardinal patriarche-archevêque lui-même, qu'on fit descendre de sa voiture, sommé de répéter les cris des factieux, ne sauva sa dignité qu'en leur donnant sa bénédiction. Au milieu de ces désordres, l'officier qui commandait au palais ne demandait au prince qu'un ordre pour disperser les rassemblemens ; il répondit d'un ton amer que « la garde « était seulement une garde d'honneur, qui devait se « borner à veiller à la sûreté de la famille royale. »

Le lendemain le général Caula adressa au prince des plaintes sur les injures qu'il avait reçues, plaintes qu'il accompagna de sa démission. L'infant lui répondit froidement et accepta la démission.

Bientôt, gardant moins de mesure encore, il fit donner l'ordre de ne plus jouer les airs patriotiques ni dans les parades militaires, ni sur les théâtres, et commença, ainsi qu'il l'avait déjà fait en 1823, à destituer de leurs emplois ceux qu'il ne croyait pas devoir partager ses desseins, et à les remplacer par ses créatures.

Les comtes de Villaflor et d'Alva, le marquis de Valencia, furent remplacés dans leur commandement : les insurgés des montagnes de Tras-os-Montes, et les réfugiés en Espagne, furent rétablis dans leurs grades et leur faveur. Son projet, par cette mesure, était d'opérer un soulèvement dans le nord, de faire marcher les paysans, les anciennes bandes et les déserteurs royalistes, d'aller à leur rencontre à Villa-Viciosa s'y faire proclamer roi, et de revenir à Lisbonne à leur tête pour détruire la constitution.

Les observations du ministre d'Angleterre, qui apprit le premier ce projet, le firent suspendre, et la méfiance qu'il inspira de ce moment fit annuler les engagemens pris pour l'emprunt qu'on avait consenti en sa faveur à Londres. Mais cette circonstance, pas plus que les remontrances des autres ambassadeurs qui se succédèrent, ne purent l'arrêter.

Le 14, abusant du titre V de la Charte, qu'il violait aussi en prononçant son nom, il dissout les chambres, et au lieu d'en convoquer immédiatement de nouvelles, ainsi qu'il y était obligé, il annonce que cette convocation était impraticable, et qu'il fallait en revenir aux anciennes lois du royaume.

Mais il ne s'arrête pas en si beau chemin, et il fut aisé d'observer, d'après les mouvemens populaires, avec quelle rapidité il marchait à son but.

Le 24 avril (1), passant devant la caserne du 16ᵉ régiment, il est salué des cris de *vive D. Miguel, roi absolu!* Le lendemain, jour anniversaire de la naissance de la reine douairière, vers huit à neuf heures du matin, le commandant de la garde de police arriva avec une escorte de cinquante cavaliers devant l'hôtel-de-ville (palais du sénat), au milieu d'un groupe de peuple peu nombreux, dans lequel on remarquait des

_____

(1) LESUR, *Annuaire de* 1827, et *Exposé des motifs*, p. 20.

officiers en non-activité et des moines. Là, ce commandant, ôtant son chapeau et faisant tirer le sabre à son escorte, fit entendre à haute voix les cris de « Vive D. Miguel Ier, roi absolu de Portugal! vive « l'impératrice, sa mère. » Au même instant, le sénat ou corps municipal, *senado da camara*, fit arborer le drapeau national sur l'hôtel-de-ville, et, se montrant au balcon de ce palais, proclama roi D. Miguel. Bientôt la multitude, attirée par la nouveauté de ce spectacle et par la musique militaire qu'on avait réunie, manifesta son enthousiasme par des acclamations et des cris semblables. En vain, quelques particuliers essayèrent-ils de marquer leur surprise ou leur mécontentement de ce qui se passait ; des patrouilles nombreuses et l'exaltation toujours croissante de la foule les réduisirent au silence. A midi, le sénat ouvrit un registre contenant une adresse dans laquelle l'infant D. Miguel était invité, au nom du peuple, à prendre le titre de roi de Portugal. Tous les citoyens étaient invités à donner leur signature ; on le fit proclamer dans toute la ville. Dans la même journée, des milliers de personnes, parmi lesquelles on remarqua plusieurs grands du royaume, des pairs, des magistrats, des officiers de tous les grades, mais surtout des artisans et des portefaix payés à 3o sous la journée, s'empressèrent de se porter à l'hôtel-de-ville pour mettre leur signature ou leur croix à cette adresse que le corps municipal présenta dans la même soirée à l'infant.

Celui-ci, craignant encore une rupture trop prompte avec les ambassadeurs étrangers, donna une réponse évasive de remercîmens, et pria le corps municipal *d'attendre tranquillement les mesures ultérieures qu'à lui seul il appartenait de prendre* (1).

Ces mesures ne se firent pas long-temps désirer, et, le 3 mai, il rendit un décret qui convoquait les trois états du royaume dans la ville de Lisbonne, d'après les coutumes et les usages de la monarchie, en suivant, dit l'édit, la forme usitée, afin de faire l'application de certains points importans du droit portugais.

Ce décret, qui mettait en question et annulait même les droits de D. Pedro et de sa fille, qui détruisait la charte à laquelle l'infant avait prêté serment, plongea dans la consternation tous les hommes honnêtes et éclairés, le haut commerce, la classe bourgeoise, et même une partie de l'armée.

Les ministres étrangers, à l'exception du nonce du pape, comme n'étant chargé que des affaires de l'Église, et du ministre des États-Unis, demandèrent leurs passeports (2). La fermentation eut lieu dans tout le pays, et dix jours après, ainsi qu'on devait s'y attendre, une révolution éclata à Oporto, la seconde ville du royaume.

Il s'était manifesté plusieurs fois dans cette ville floris-

---

(1) Cette réponse portait le sceau royal.

(2) Les États-Unis ne reconnaissent que les gouvernemens de fait ; ainsi leur ministre à Lisbonne dut rester à son poste ; mais il s'était joint cependant au corps diplomatique le 30 avril, en disant : *Ce n'est point en faveur d'un roi que j'agis, mais en faveur d'un père. Ces droits-là sont de tous les temps, de tous les pays.*

sante par son commerce, et défendue par une garnison nombreuse, des mouvemens d'opposition au système et au dessein du parti qui dominait à Lisbonne; les mêmes sentimens animaient les villes de Braga, Valencia, Aveiro et Penafiel, etc., mais ils étaient comprimés par une inquiétude vague et par l'incapacité de concerter les mesures qu'il aurait fallu prendre pour se prononcer avec quelques chances de succès.

L'arrivée du 6e régiment d'infanterie à Porto le 8 mai y ranima les espérances du parti constitutionnel, et lui parut présenter le moment favorable pour éclater. Ce régiment était fort de huit cents hommes, et commandé par un officier doué d'un caractère énergique (D. Francisco Jose Pereira). Averti qu'il devait être destitué et même arrêté, il fit prendre les armes au régiment, dont il connaissait les sentimens et les opinions; il harangua ses soldats; il leur rappela les sermens qu'ils avaient faits à D. Pedro et à la charte; il n'eut pas de peine à les persuader de donner le signal que toute l'armée attendait, disait-il, pour venger les droits de D. Pedro, de sa fille et du peuple portugais. Tous promirent de le suivre; il fit jouer par sa musique l'hymne constitutionnel interdit depuis quelque temps, et les conduisit tambour battant et drapeaux déployés sur la place Saint-Ovide, où étaient casernés le 18e régiment de ligne et le 4e d'artillerie; dont les colonels (Silva de Fonseca et Duarte Guilherme Ferrei) se joignirent à lui avec leurs soldats. Les trois régimens, auxquels se réunirent bientôt le 10e et 11e de chasseurs (Caçadores) et

une partie du 12ᵉ de cavalerie, se rangèrent en bataille au nombre d'environ 2,000, et proclamèrent
solennellement leur résolution de mourir fidèles aux
sermens qu'ils avaient faits à D. Pedro et à la charte,
au milieu des acclamations d'une foule d'habitans de
toutes les classes accourus pour se joindre à ce mouvement (1).

Le lendemain 17, les chefs des corps qui avaient
donné le signal de l'insurrection se constituèrent en
conseil militaire, siégeant au quartier Saint-Ovide,
sous la présidence du plus ancien d'entre eux, et firent
une *déclaration*, dans laquelle ils expliquaient au
peuple portugais les motifs du mouvement qu'ils venaient d'opérer « contre une faction qui prétendait
« détrôner le souverain légitime et détruire la consti-
« tution, en protestant de leur respect pour l'infant
« D. Miguel, autant qu'il continuerait d'être le repré-
« sentant de son auguste frère, roi légitime du Por-
« tugal, etc. » Cette déclaration, signée de cinq colonels et de huit lieutenans-colonels ou majors, était
conçue en des termes assez modérés. Mais il parut ensuite une proclamation plus énergique et qui rappe-
lait les entreprises faites à diverses époques contre la
liberté, qui accusait directement D. Miguel des crimes
les plus odieux, et devait porter au plus haut degré
l'irritation des esprits. (*Voyez* l'Appendice.)

On alla reprendre à l'arsenal les armes qui avaient

----

(1) Lesur, *Annuaire de* 1828, pages 537 à 540.

été enlevées aux volontaires et à la milice locale, qui se réorganisèrent et se joignirent aux troupes. Bientôt le mouvement s'étendit à toutes les villes voisines, dont les garnisons se réunirent à celle d'Oporto. Les affaires de l'insurrection se présentaient donc sous l'aspect le plus favorable. Tous les esprits semblaient d'accord sur son objet. L'argent ne manquait pas. Des négocians et des citoyens riches avaient réuni à l'instant des sommes considérables, afin de pourvoir d'abord à la subsistance de l'armée. Des proclamations furent envoyées dans toutes les provinces et des manifestes furent adressés aux puissances étrangères, pour se faire reconnaître comme l'unique autorité légitime existant à cette époque en Portugal. On fit demander à Londres des secours, des munitions, et surtout des chefs militaires et civils ; enfin la petite armée constitutionnelle, grossie de quelques régimens ou détachemens de régimens qui arrivaient chaque jour à Porto, se mit en marche au milieu du plus vif enthousiasme, et se dirigea droit sur Lisbonne ; elle était forte d'environ 4,000 hommes avec 800 chevaux et 10 pièces d'artillerie, sous le commandement du général de brigade Saraïva da Costa. Ses premières opérations furent heureuses ; elle occupa successivement Lamego, Viseu, et toutes les villes qui se trouvaient sur son passage, y proclamant partout D. Pedro IV et la charte, jusqu'à Coimbre, où elle entra le 23 mai. Si, continuant sa marche, sans se laisser arrêter par de faibles obstacles, cette brave troupe avait pu pénétrer jusqu'à la capitale, il est vraisemblable qu'elle y aurait réveillé les sentimens généreux qui n'étaient pas éteints dans les cœurs ; mais il ne fallait pas perdre un instant ; tout dépendait d'un jour, d'une heure, d'une rencontre. C'est malheureusement ce que D. Miguel sut mieux mettre en pratique que ses ennemis.

La première nouvelle de l'insurrection, arrivée à Lisbonne dans la nuit du 17 au 18, tenue quelques instans secrète, y répandit l'alarme et des espérances exagérées, suivant l'opinion des partis qu'elle intéressait. La cour de l'infant en fut un moment attérée. Les constitutionnels, persuadés que les régimens de Lisbonne se joindraient au mouvement, ne doutèrent plus du succès de leur cause ; mais, après ce premier moment passé, D. Miguel se remit, et, confiant dans la populace fanatique dont il disposait, il fit tous les préparatifs de défense. Les arrestations déjà si nombreuses, et qui encombraient les prisons, se multiplièrent. On établit de nouveaux cachots à bord des vaisseaux dans la rade. Quant aux mesures militaires, la première et la plus décisive fut d'envoyer trois bâtimens de guerre bloquer Oporto, et intercepter les secours qui pouvaient arriver d'Angleterre ; D. Miguel expédia dans toutes les provinces l'ordre d'armer les milices, surtout celles qui restaient des troupes de Chaves. Il fit partir une brigade d'environ deux mille hommes choisis dans les corps les plus dévoués à sa cause, avec quelques pièces d'artillerie. Il fit publier, en réponse à la proclamation des insurgés, une autre proclamation dans laquelle il se contentait de prendre la qualité de régent, mais sans annoncer aucune disposition à revenir de ses desseins. Il offrait, enfin, le pardon à ceux que la séduction avait entraînés à la révolte, et il engageait le peuple et les soldats portugais à se réunir à lui pour exterminer à jamais le monstre révolutionnaire.

La brigade envoyée de Lisbonne fut suivie, peu de jours après, d'une division de quatre régimens d'infanterie et d'un train d'artillerie, sous les ordres du général Alvaro Xavier das Povoas, destinée à former l'avant-garde d'une armée que l'infant D. Miguel se proposait de commander en personne.

Cependant l'armée constitutionnelle, qui, les premiers jours, avait fait de si rapides progrès, s'était arrêtée sur la rive gauche du Mondego, devant la faible avant-garde et les débris des régimens commandés par le général Gaspard Teixeira. Une flotte anglaise, en vue d'Oporto, au lieu de disperser la flottille portugaise, reconnaissait le blocus effectif, et semblait par là reconnaître aussi D. Miguel, du moins aux yeux de la multitude. La junte d'Oporto, cernée ainsi par terre et par mer, réclamant en vain des secours des gouvernemens étrangers, sentit ralentir son zèle et ses espérances; et les braves qui s'étaient dévoués à la cause de l'honneur et de la liberté, devant renoncer à l'appui qu'ils avaient espéré dans leurs frères d'armes de Lisbonne, ne pensèrent plus qu'à vendre chèrement leur vie. Le 24 juin ils étaient en position sur le Cego, près de Condeixa; le général miguéliste Povoas, jugeant l'occasion favorable, les fit attaquer; l'action dura depuis deux heures du matin jusqu'à huit heures du soir, et coûta plus de cinq cents hommes tués ou blessés aux patriotes, qui faiblirent et se retirèrent sur la rive droite du Mondego, que les miguélistes passèrent après eux. Le résultat de cette malheureuse affaire fut la reprise de Coimbre et la retraite sur Oporto. Dans ce moment un bateau à vapeur, parti de Plymouth le 6 juin, et ayant à bord le marquis de Palmella, les généraux Saldanha, Stubbs, Azeredo, Villaflor, et l'élite des officiers portugais, abordait à une lieue d'Oporto, dont il avait dû s'écarter pour échapper aux vaisseaux qui en formaient le blocus. Cette arrivée, qui deux jours avant aurait été si utile, et qui, sans la reconnaissance du blocus, aurait eu lieu en effet deux jours plus tôt, ne pouvait plus rendre la confiance à une faible troupe battue et désorganisée; ces braves furent cependant reçus dans la ville comme des libérateurs par les membres de la junte et tout le parti constitutionnel.

Après l'affaire de Condeixa, le général miguéliste Povoas avait porté, le 27 juin, son quartier-général à Pedrena, près de Mialhada. Le 28 juin, au point du jour, il se trouva en face des patriotes, qui avaient pris une assez bonne position au pont de la Vouga. On se battit là quelque temps avec courage; mais la supériorité de nombre des miguélistes, surtout en cavalerie, et le défaut de cartouches, entraînèrent une seconde fois la déroute des constitutionnels, qui se retirèrent en désordre, à la faveur de la nuit, à six lieues d'Oporto.

C'est dans ce moment critique, et pendant la nuit du 28, qu'arriva le général Saldanha avec le comte de

Villaflor ; le premier pit le commandement de ce qui restait de troupes, que lui remit le général Saraiva, dans un état de confusion, de découragement difficile à décrire. Une multitude de femmes, d'enfans fuyant, un encombrement de bagages, augmentèrent encore le désordre. Le général Saldanha et le comte de Villaflor rétablirent cependant un peu d'ordre, et prirent une position près de Grijo, où ils espéraient pouvoir tenir quelques jours, et recevoir des secours pour reprendre l'offensive. Le 2 juillet, ils se décidèrent même à livrer une bataille ; mais au moment de se mettre en mouvement, les troupes parurent si découragées, si peu disposées à obéir à leur chef, que le général Saldanha, jugeant la cause désespérée. renonça à son projet. L'armée, ou plutôt les faibles débris qui en restaient, quittèrent leur position, passèrent le Douro dont ils rompirent le pont. Les officiers arrivés de Londres, les membres de la junte d'Oporto, une foule de riches habitans qui s'étaient compromis, s'embarquèrent. Quelques jours après, les troupes de D. Miguel entrèrent dans la ville d'Oporto, et, sur un article de la *Gazette de Lisbonne*, annonçant que l'Angleterre reconnaissait D. Miguel, la garnison d'Almeida capitula.

Tel fut le dernier effort des constitutionnels en Portugal ; tel fut le dernier soupir de la liberté dans ce pays, dont les malheureuses victimes sont trop à plaindre pour qu'on ait le courage de les blâmer ; mais on ne peut s'empêcher d'exhaler un sentiment bien pénible de surprise et d'indignation, quand on voit qu'un pays dont le Portugal avait été si long-temps une dépendance ou du moins un allié, qui dans toutes les circonstances avait considéré comme son intérêt autant que son devoir de le secourir, ait mis si peu de soin à empêcher sa ruine. L'Angleterre a fait servir à l'asservissement de ce malheureux peuple les moyens mêmes qui étaient destinés à lui conserver ses droits. Ce n'est point, sans doute, la nation anglaise, sympathisant avec tous les sentimens généreux, qu'il faut accuser d'un semblable attentat, mais son gouvernement, qui, à cette époque, était entraîné par de honteux penchans. Le ministère de lord Wellington, impassible spectateur de cette infraction à tous les sermens, à tous les traités conclus, ratifiés par l'Angleterre même, non-seulement ne prit aucune mesure pour s'y opposer, mais encore eut l'air évidemment de la protéger par son indifférence ou son tacite acquiescement. D. Miguel, *pour garantir sa propre sûreté*, demande que le départ de l'armée anglaise soit différé jusqu'à ce qu'il ait *terminé ses opérations*, et on obéit à ses instances (1). Bientôt après, n'ayant plus rien à craindre et sentant le besoin de se venger, il demande, au contraire, que l'armée s'éloigne; l'on y consent encore. Comment cette armée, envoyée pour

---

(1) Les paroles de sir Frédéric Lamb sont : « The real reason of his wish to delay the embarcation of our troops is in order to retain them as *guarantee of his safety until the operation* should be completed. » Or, quelle était cette opération, sinon le renversement de la constitution ? Ainsi l'Angleterre protégeait, garantissait la rupture des traités qu'elle avait conclus.

la défense du Portugal en 1823, dut-elle servir à son asservissement en 1828, contre les traités les plus sacrés, les lois les plus saintes de l'humanité? Comment, après avoir protégé, garanti par sa présence les actes criminels de l'infant, n'est-elle pas restée au moins pour en atténuer les horribles effets, pour obtenir une amnistie en faveur des malheureux qu'elle n'avait pas secourus, et qui furent livrés aux bourreaux (1)? Le départ des troupes anglaises et l'émigration d'une foule d'hommes éclairés qui suivit de près, privèrent le pays de tout moyen de résistance à l'usurpateur. En vain la troupe généreuse d'Oporto se conserva seule fidèle à cette jeune reine que l'Europe et le Portugal même avait reconnue; elle fut sacrifiée par la reconnaissance d'un blocus établi contre tous les droits, contre tous les traités. Cette mesure, hautement blâmée par les Anglais eux-mêmes (2), serait, en effet, une tache pour ce pays, si on avait pu l'attribuer à toute autre influence qu'à celle de ce parti impitoyable,

---

(1) L'excuse des lords Aberdeen et Wellington est que les troupes anglaises avaient l'ordre de ne prendre aucune part dans les factions qui divisaient le Portugal; mais n'était-ce point prendre part contre un parti que de lui signifier, ainsi que le commandant des troupes anglaises le fit aux chefs des constitutionnels, qu'il avait l'ordre de protéger la vie et l'autorité de D. Miguel, ce qui les empêchait de s'opposer à ses démarches.

(2) Last days of the portuguese constitution, by lord Porchester, London, 1830, pages 67 et 95. Lord Palmerston's speech in parliament, 1830. *Edinburg*, *Review*, décembre 1831.

anti-social, qui, sous le nom de tory, d'aristocratie ou d'oligarchie, pèse sur le monde civilisé.

Pendant que des malheureux égarés se faisaient tuer pour un misérable *digne lui-même de mille morts* (1), il procédait tranquillement au vain simulacre de l'assemblée nationale, de qui il attendait la couronne. Pour obtenir une réunion légale, ou qui seulement eût quelque ressemblance avec les anciens états, il eût fallu de longues études, de longues formalités ; mais il ne s'agissait pas, pour D. Miguel, de consulter le pays, mais seulement de trouver une sorte d'excuse de son usurpation, de présenter aux puissances étrangères un prétexte de la rupture des sermens les plus sacrés.

Il n'y eut pas d'actes de convocation pour la noblesse (2) ; l'infant fit choix de ceux dont les opinions et la docilité lui étaient connues, et il en fut de même pour les membres du clergé. Quand au tiers-état, on fit choisir, par quelques-uns des membres des conseils municipaux (3), les hommes les plus connus par les

---

(1) *Mille mortibus dignum.* Cic.

(2) Par l'ancienne constitution, tous les nobles avaient droit de siéger aux cortès. Il n'en vint à celle-ci que ceux dont on était sûr.

(3) Douze des villes les plus peuplées, telles qu'Oporto, Braga, Miranda, Aveiro, n'y envoyèrent point de députés ; dans d'autres, les élections furent recommencées jusqu'à trois fois afin d'obtenir l'homme le plus dévoué à D. Miguel. Dans plusieurs, le président désigna tout haut la personne qu'on devait choisir.

Dans le nombre des députés du tiers-état se trouva un membre

exagérations de leurs opinions apostoliques, et on alla même jusqu'à leur prescrire ce qu'ils avaient à demander et à faire (1).

Les trois états assemblés séparément décidèrent le 26 juin, sans discussion (2), que D. Miguel était le seul roi légitime, et que D. Pedro n'ayant eu aucun droit, les institutions qu'il avait données devaient être regardées comme nulles et non avenues. Ces résolutions furent réunies en un seul arrêté, qui fut présenté le lendemain

---

nommé Frei Joaquim de Carvalho, se disant fondé de pouvoir de la ville de Goa, en Asie, où la nouvelle de ce qui se passait ne pouvait arriver que plusieurs mois après.

Un grand nombre de députés n'étaient que chargés de procuration d'autres députés et qui se présentèrent en leur nom. Innovation contraire à la loi.

(1) Les instructions adressées par le ministre de l'intérieur aux chambres municipales étaient ainsi conçues : vous devez adresser à S. A. R. la supplique suivante :

Qu'ayant égard au vœu général de la nation et aux intérêts du peuple, il daigne se déclarer roi légitime de ce royaume et son héritier naturel.

Vous le supplierez d'abolir les nouvelles institutions comme contraires aux droits de la nature, et enfantés par la faction démocratique qui, en 1820, usurpa la souveraineté.

Ainsi ce ne sera pas le conseil qui priera le roi d'accepter le pouvoir absolu; mais c'est lui qui ordonne qu'on lui fasse cette demande.

(2) Un seul membre voulut prendre la parole, et sa voix fut étouffée. Personne, par conséquent, ne put seulement défendre les droits de D. Pedro qu'on attaquait, qu'on annulait sans discussion.

à l'infant (1). Cet arrêté se fondait sur trois argumens :

1° Sur ce que D. Pedro était devenu souverain étranger depuis qu'il s'était déclaré ou avait été reconnu empereur du Brésil, d'après le texte des cortès de Lamego, et ceux de 1642 (2).

---

(1) Le point de droit, sur lequel nous n'avons pas dû nous étendre, a été traité d'une manière victorieuse dans plusieurs écrits, entre autres : *l'Exposé des droits* de S. M. dona Maria, Paris, 1830, 1 vol. in-8°. — *Injustes acclamations de l'infant D. Miguel*, par Rocca, in-8°, 1829. — *Question portugaise*, par Hyde de Neuville, 1831, en faveur de dona Maria. Plusieurs écrits ont paru également imprimés chez Pihan de Laforest, en faveur de D. Miguel; tels que *la Constitution de D. Pedro et des Droits de D. Miguel*, Paris, in-8°, 1827. — *Lettre à Sir John Mackintosh*, in-8°, 1828.

(2) Cet argument est en opposition manifeste avec la seule loi portugaise sur la naturalité au titre XLV du Recueil des Lois du royaume, duquel il résulte que la naturalité ne dépend que du lieu et de la condition de la naissance. La loi des cortès de Lamego fut considérée, par les cortès de 1641, comme oblitérée et tombée en désuétude depuis le roi D. Ferdinand; et, ce qui le prouve, c'est qu'on n'interprétait pas de cette manière ce qui concerne le comte de Boulogne et le prince D. Miguel de la Paix. L'acceptation d'une autre couronne ne pouvait jamais détruire les droits du successeur ; elle peut tout au plus l'obliger à opter. D'ailleurs, en admettant même qu'il pût être considéré comme étranger, il était alors considéré comme ayant embrassé la vie monastique; il pouvait renoncer à la couronne, mais non annuler les droits de ses successeurs.

Avant d'accepter la couronne du Brésil en 1825, D. Pedro était certainement le successeur de la monarchie portugaise,

2° Sur ce que D. Pedro résidait hors du Portugal, ce qu'on prétendait interdit par les cortès de 1641, ceux de Thomar, et la lettre patente de 1642 (1).

3° Sur ce que D. Juan ayant possédé, à partir du 15 novembre 1825, le Portugal et le Brésil comme deux États distans et séparés, et D. Pedro lui ayant succédé dans ce dernier, il était exclu de la succession du premier, d'après encore la lettre patente de 1642 (2).

Cette même assemblée opposait *au droit d'aînesse,* si inculqué dans l'esprit des Portugais, l'allégation qu'il l'avait perdu; à *l'assentiment de la nation,* qu'elle avait été séduite; à la *reconnaissance des souverains étrangers,* qu'ils avaient été trompés; enfin, au *serment de l'infant,* qu'il avait été fait en pays étrangers, et arraché par la violence.

Citer de pareils argumens, c'est assez les réfuter;

---

comme fils aîné du roi régnant; or, il n'a pu priver son héritier déjà né à cette époque, la reine dona Maria, de ses droits, et les faire tourner au profit de son frère. La succession au trône, dit la même loi portugaise, est réglée d'après les mêmes titres que les majorats. (Voy. Ordenaç., lib. IV et lib. V, et la loi du 3 août 1770.)

(1) Lorsque les cortès de Thomar demandèrent à Philippe II de résider en Portugal le plus de temps qu'il pourrait, il se borna à répondre : « Je tâcherai de vous satisfaire. » Il n'y eut jamais d'autre engagement ni d'autre loi à cet égard.

(2) Si même D. Pedro avait été obligé d'opter entre les deux couronnes, et qu'il eût choisi le Brésil, jamais la couronne de Portugal ne devait passer à son frère l'infant D. Miguel. *Lettres patentes,* 1642.

mais il en est un qui dispenserait toujours de ce soin, c'est l'annulation entière des anciennes lois et coutumes du royaume, qui avaient été faites par l'acceptation unanime, par les corps de l'État, de la Charte donnée par D. Pedro (1), et qui sans doute eût été confirmée par les États, si, à cette époque, on les eût assemblés. L'affaire a été jugée par une assemblée qui n'avait pas droit de siéger, et par un individu qui n'avait pas le droit de la convoquer.

Quoi qu'il en soit, D. Miguel ne fit pas attendre son adhésion, et le 28, il confirma la décision des États et prit le titre de D. Miguel, par la grâce de Dieu, roi de Portugal et des Algarves, le même jour où les malheureux insurgés d'Oporto cherchaient un asile en Espagne, le 7 juillet, jour qu'on peut regarder comme le dernier de la liberté dans ce pays. D. Miguel ayant appelé les députés des trois ordres dans la grande salle du palais royal de Notre-Dame d'Ajuda, s'y rendit, portant le manteau royal et le sceptre, avec le cortége qui environne les rois du Portugal dans les cérémonies publiques. Là, ce prince étant assis sur le trône, le connétable du royaume leva son épée, l'alferes-mor déploya le drapeau royal, et le nouveau roi prêta serment, cette fois, sur le saint évangile, suivant la

---

(1) La monnaie fut frappée à son effigie. Tous les tribunaux civils et militaires, ecclésiastiques, rendirent leurs sentences en son nom. Il n'y eut pas une seule autorité, les ordres religieux compris, qui ne jurât de lui obéir : l'idée même de contester ce droit ne vint à personne.

formule de 1641. Les membres de tous les états lui prêtèrent ensuite foi et hommage; de nombreuses salves d'artillerie, le son des cloches accompagnèrent cette cérémonie. Mais dans le même instant, les ambassadeurs faisaient abattre leurs armoiries de devant leurs hôtels; l'Europe entière, par leur organe, protestait contre ces attentats à la morale publique et aux droits les plus sacrés, et isolait au milieu du monde civilisé celui qui méritait, en effet, d'être mis par les souverains et les peuples, hors la loi.

CHAPITRE V.

Situation du Portugal après l'usurpation de D. Miguel.

Mors atris circumvolat alis.
Hor., S.t. 1. 58.

Et morte pejor, mortis metus.
Cic., Phil.

La mort vole autour avec ses ailes noires,
et ce qui est pis que la mort, la crainte de
mourir.

*Coupez, coupez des têtes, monsieur le gouver-
neur; la révolution française en a fait tomber quarante mille, et la population n'a pas diminué.* Telles étaient les instructions que donnait la reine Charlotte au général qui allait commander à Oporto, après
la défaite des patriotes portugais. Elle était alors dans
l'ivresse du succès, et brûlant, comme dit Tacite, de
toutes les ardeurs d'une féroce domination (1). Tel fut
également le langage de D. Miguel, lorsque n'ayant
plus d'obstacles à vaincre, de ménagemens à garder,
il put se livrer à ses penchans cruels et accorder aux

---

(1) Cunctis malæ dominationis cupidinibus flagrans.

partis qui l'avaient secondé, la part de vengeance, le dividende de meurtres qu'ils étaient en droit de demander. Il ne fut plus alors question seulement de destitution, d'exil, de confiscation de biens, mais de la mort, de la mort sans jugement, et, en attendant, de prisons sans pitié, second genre de mort, dans les pays où rien n'est disposé pour un système régulier de détention.

La moitié du Portugal emprisonnait l'autre; quarante mille individus de tous âges, de tous rangs, de tous sexes, furent entassés les uns dans les anciennes prisons, les autres dans d'horribles donjons, ceux-là sur des pontons infects, sans nourriture, sans vêtemens. Comme la place manquait pour qu'ils pussent être couchés ou seulement assis, on tendait des cordes d'un mur à l'autre, sur lesquelles ils s'appuyaient pour dormir. Aucun fonds n'étant affecté à leur nourriture, ils ne vivaient que de la charité publique et de quelque provision envoyée par les couvens.

Magistrals, nobles, négocians, généraux couverts de blessures, étaient là pêle-mêle avec les voleurs, les assassins; des femmes respectables avec des filles publiques; insultés, en général, à leur arrivée, par ces anciens et véritables habitans de ces repaires, dont ils encombraient, par leur présence, la demeure, et diminuaient les aumônes. Les étrangers, les Anglais surtout, étaient confondus dans les mêmes proscriptions, dans les mêmes supplices. Le respectable général sir John Doyle, qui avait long-temps défendu le Portugal dans les jours de dangers, languit six mois dans un semblable cachot. Beaucoup de riches négocians (1), sous la stupide accusation de franc-maçonnerie, furent incarcérés, et pendant deux ans, le ministère anglais, à qui D. Miguel devait pourtant quelque reconnaissance, se borna, à cet égard, à de froides représentations. Il en était de même de la France : deux négocians, l'un sous le poids d'une accusation invraisemblable, est promené dans les rues sur un âne, et battu de verges plusieurs fois, la dernière, par un ordre spécial du tyran, et pour narguer le brick français, qui venait le réclamer (2). L'autre, vieillard de soixante-seize ans, fut soumis aux traitemens les plus cruels, et il a fallu la révolution de 1830 pour que le gouvernement français songeât seulement à venger de si honteux outrages.

Mais devons-nous raconter les atrocités commises envers les malheureux Portugais? devons-nous entrer dans cette nomenclature de tout ce qu'il y a de plus féroce, de plus sanguinaire, des siècles barbares? Disons que le hasard ou la vengeance désignait la victime, que le caprice déterminait les tourmens. Bornons-nous à en citer quelques exemples. Le respectable Mello Brayer, âgé de quatre-vingts ans, ancien ambassadeur à Paris, ministre de la justice, et doyen intègre et savant des magistrats portugais, fut jeté dans une obscure pri-

---

(1) MM. Halt, Noble, O'Brien, Macrhon ; Madame Story.

(2) « S'ils me forcent à le rendre, dit D. Miguel, ils l'auront au moins encore une fois bien battu. » (Papiers concernant le Portugal, imprimés par ordre de la chambre des Communes, 1831, B. page 6.)

son, où l'on s'étudiait à le faire souffrir ; on couvrait régulièrement d'ordures le peu de nourriture qu'on lui donnait. Avant qu'on lui permît de se coucher dans un grabat qu'on lui avait accordé, on y faisait entrer un mendiant couvert de vermine, afin qu'elle lui fût communiquée. Ce vénérable vieillard, après trois années de souffrances semblables, succomba, et avant que l'on permît à sa famille de le faire enterrer, on traîna son cadavre dans la prison en lui faisant éprouver mille insultes. Tout paraît possible, tout paraît croyable, dans un temps, sous un gouvernement où a été rendue la sentence suivante :

« Sont privés de tous les titres, priviléges, honneurs
« et dignités dont ils ont joui dans le royaume, et dé-
« naturalisés les criminels marquis de Palmella, comte
« de Villaflor, J. Carlos de Saldanha, T. G. Stubbs,
« comte de Sampayo, Ph. de Souza-Holstein, Lan-
« diso, J. Xavier, comte de Taïpa, M. de Camara,
« baron de Randuffe, et condamnés à être conduits
« dans les rues de Porto, les mains liées et la corde
« au cou, jusqu'à la place Neuve, où un échafaud sera
« élevé de manière à ce que leur châtiment soit vu des
« habitans, où ils seront étranglés et auront ensuite
« la tête tranchée, et l'échafaud ainsi que leurs corps
« seront réduits en cendres et jetés dans la mer, pour
« qu'il n'y ait plus mémoire d'eux. Et les criminels
« R. Pinto Pizzano, M. J. Mendes, T. P. Saavedra,
« Barrato Feio, Barredo Baca, J. da Costa Xavier,
« F. de Sampayo, et F. Ferreira d'Araujo, sont con-
« damnés à être conduits dans les rues de Porto, les

« mains liées et la corde au cou jusqu'à la place Neuve,
« pour y être pendus sur les potences qui y sont éle-
« vées, leurs têtes tranchées et mises au bout des
« piques, depuis le lieu de leur exécution jusqu'au
« chemin de Mattrozinos, et elles y resteront exposées
« aux yeux du peuple jusqu'à ce qu'elles soient con-
« sumées par le temps ; et les uns et les autres con-
« damnés subiront la confiscation et la perte de tous
« leurs biens au profit du trésor ; leurs majorats seront
« réunis aux biens de la couronne, conformément au
« décret du 17 janvier 1759. Et comme ces criminels
« sont absens du royaume, il est ordonné aux justiciers
« de S. M. de requérir sur toute la terre leur saisie, et il
« est ordonné à tous les vassaux de S. M. de les tuer
« quand même ils ne leur auraient fait aucun mal (1). »

La plupart des personnes nommées ci-dessus échap-
pèrent par la fuite à cette horrible sentence ; mais elle
atteignit et atteint encore, tous les jours, d'autres victimes non moins respectables, et dont on aggrave la fin
malheureuse par des raffinemens de cruauté qu'on ne
pourrait pas croire, s'ils n'étaient attestés par des témoins oculaires et des hommes constitués en dignité (2).

Afin d'exciter la haine du peuple, ou pour satisfaire
ses passions, on fait durer les exécutions toute la journée ; la file des condamnés part des prisons à huit
heures du matin ; chacun d'eux marche nu-pieds entre

---

(1) LESUR, *Annuaire de* 1828.

(2) Papiers parlementaires imprimés par ordre de la chambre,
Londres, 1831. Correspondance du consul anglais.

deux prêtres qui l'exhortent, tout le temps, à reconnaître la justice de sa sentence et à se confesser. Le lieu de l'exécution étant fort éloigné de la prison, et les condamnés étant obligés de s'arrêter dans leur triste trajet devant chaque oratoire qu'ils rencontrent, ils n'arrivent ordinairement au lieu du supplice qu'à midi. Ils sont alors étranglés, fusillés ou pendus ; mais chacun à une heure d'intervalle ; et pendant tout ce temps, le malheureux qui doit suivre le dernier supplicié, attend son tour debout et les yeux fixés sur le cadavre de celui ou de ceux qui l'ont précédé. Les têtes et les corps s'entassent ainsi tout le jour, et les parens ou complices des coupables qui ont été graciés (*perdonados*), sont obligés d'être présens et attentifs au supplice. S'ils détournent les yeux, ou baissent la tête, les officiers de la police leur frappent le menton de leur épée, et les menacent de les massacrer de la même manière.

Le consul anglais, M. Mathæus, dans sa correspondance avec lord Dunglas, en date du mois de mars 1829 (1), s'exprime ainsi :

« Hier, cinq individus ont été pendus et leur tête a été placée sur une pique dans le quartier de la ville le plus fréquenté, pour être la terreur des habitans. C'est le brigadier général Moreira, le lieutenant Serraira, le lieutenant Pershello, le cadet Tarinchi, et l'aspirant de marine Chaly. Le fils du général fut conduit à l'exécution pour voir la tête de son père placée sur la pique,

---

(1) Recueil A. p. 71, Edinb. Review, décembre 1831, page 424.

et on le fit passer trois fois autour. Sa pauvre mère est morte de douleur le même jour. Un autre de ces condamnés était un enfant de dix-sept ans ; son père, qui le vit périr, ne pouvant supporter la vie, se tua quelques heures après. Une grande partie des malheureux parens, qu'on a forcés d'assister à ce supplice, sont retournés chez eux dans un état d'aliénation (1).

Tel est cependant l'homme qui règne dans la patrie des Alphonse et des Henri, l'homme qu'un ministre anglais a osé proposer à la France et à l'Europe de reconnaître, et que l'Espagne, depuis deux ans, a hautement, authentiquement reconnu (2). Mais est-ce bien D. Miguel qui conduit seul cet infernal système? Est-ce lui dont le génie, l'activité, suffit à tant d'horreurs? Le crime serait-il donc si savant? Un tyran ne dormirait-il pas quelques heures pour que l'innocencé puisse un instant respirer? Mais non, non, ce n'est pas D. Miguel qui est l'auteur de tant de maux, il n'a pas même cet affreux mérite, il n'a pas la grandeur, le gigantesque que supposent de tels forfaits. Il n'est qu'un misérable insensé, un atroce enfant (*ferox puer*) (3), jouet d'un parti qui a le génie du vice dont il n'a, lui, que l'instinct. Il est le chef nominal, l'instrument de cet odieux principe que nous avons sans cesse signalé dans cet écrit, de cette faction implacable

---

(1) Revue d'Edimbourg, page 425.

(2) Les lettres de créance de l'ambassadeur d'Espagne, M. d'Açousta Montallegro, sont du mois d'octobre 1829.

(3) Claudien de Napp., Hon.

qui ne peut s'élever que par la ruse et sur l'ignorance, qu'à travers le sang et avec la misère, qui exploite le trône par le despotisme, la religion par l'intolérance.

Certes, tout cruel qu'est D. Miguel, il est roi, il habite, il gouverne une terre qui est sienne, il ne peut vouloir qu'elle soit sans culture, sans crédit, sans commerce, sans bien-être, comme est aujourd'hui le Portugal, que l'étranger s'en éloigne en la considérant à l'égal d'une seconde Tauride; *nefanda littora.* Mais qu'importent de telles considérations à ceux que la passion, la cupidité, l'ambition, aveuglent? que leur font la prospérité, la gloire d'une patrie? ont-ils une patrie?

Demandez-le à ces courtisans, à ces oligarques, qui sous-traitent avec D. Miguel, de la tyrannie, afin de l'exercer dans les lieux qu'ils habitent (1). Demandez-le à ces trente mille volontaires royaux, qui sont sa garde, parce qu'il est le protecteur de leurs excès, de leurs vengeances; demandez-le à ces cinquante mille moines fanatiques qui prêchent en sa faveur, parce qu'il assure et qu'il conserve leur inutile existence; demandez-le enfin à ces milliers de mendians, de factieux, de voleurs qui crient : *mort aux francs-maçons! mort*

---

(1) Il est sans doute parmi les nobles, les ecclésiastiques, les militaires, qui ont embrassé la cause de D. Miguel, des hommes estimables que leur situation a forcés de suivre ce système, ou qui, dans le principe, n'ont pas cru qu'il devait entraîner tant d'excès; mais aujourd'hui qu'ils sont éclairés, on doit espérer qu'ils l'abandonneront au premier moment où ils pourront le faire.

aux libéraux ! sans savoir ce qu'ils disent, parce qu'il encourage leur fainéantise et partage avec eux les revenus de l'État. C'est contre cette masse d'hommes dépravés qui oppriment aujourd'hui le Portugal et qui sont partout le fléau de la société, que les souverains éclairés, les peuples industrieux doivent diriger leurs efforts jusqu'à ce qu'ils les aient comprimés, qu'ils les aient amenés à l'impossibilité de nuire, jusqu'à ce qu'ils soient parvenus, comme dit Voltaire sous une autre acception, *à écraser l'infâme.*

CHAPITRE VI.

L'île de Terceira reste seule fidèle à dona Maria; les Portugais dévoués à la reine y trouvent un asile et s'emparent des autres Açores.

Vocaberis civitas justi, urbs fidelis.
Isaïe, cap. 1, v. 28.

Vous serez appelée la terre du juste, la ville fidèle.

Tout avait reconnu l'autorité de l'usurpateur. La crainte, l'intérêt, l'impression produite au dehors par l'exemple de la capitale, avaient glacé tous les cœurs. Les îles Açores, l'île de Madère, après une vive mais courte résistance, avaient cédé à des forces supérieures. Un point imperceptible du globe, un rocher au milieu de l'Atlantique, l'île de Terceira, déjà célèbre dans l'histoire du Portugal, était seule restée fidèle à dona Maria. Ce nouveau royaume, cet héritage des Sébastien et des Alphonse, n'avait guère que douze lieues de tour ; mais il était assez grand pour contenir une couronne et avec elle la vigilance pour la garder, le courage pour la défendre.

Il existait donc un point, un lieu dans le monde où

pouvait reposer la fidélité, et se conserver l'espérance. Le gouvernement provisoire de cette île, institué au nom de la reine dona Maria, expédia sur-le-champ un bâtiment pour l'Angleterre afin de se mettre en rapport avec le comité central des Portugais qui s'était formé à Londres, et à la tête duquel se trouvait le marquis de Palmella, le dernier ambassadeur près de cette cour avant l'usurpation. Cette administration, créée par la nécessité et consentie par tous, était chargée de recevoir les sommes que le Brésil devait au Portugal, de pourvoir aux besoins des réfugiés, et enfin, de diriger toutes les mesures qui paraîtraient convenables pour détruire la tyrannie qui opprimait le Portugal.

A peine cette administration eut-elle connaissance de ce qui venait d'avoir lieu à Terceira, qu'elle y envoya le général Cabreira, homme très-distingué par son courage et son patriotisme, et plusieurs autres officiers de beaucoup de mérite, ainsi que quelque argent et des munitions, en attendant que l'on préparât d'autres moyens plus puissans pour la défense de l'île.

Le général Cabreira, arrivé à Terceira, remplit sa commission avec habileté, et commença les travaux nécessaires pour la défense de l'île. Pendant que ces premières dispositions avaient lieu, une petite armée composée de tous les Portugais fidèles, accourus de divers points du globe, se réunissait et songeait à un débarquement en Portugal ; mais ne voulant point compromettre ces derniers restes d'un parti auquel se rattachaient tant d'intérêts, on se borna d'abord à chercher à rénforcer la garnison de Terceira, pour de là s'étendre aux autres îles voisines.

Le duc de Wellington, alors ministre de la guerre, opposé de tout temps au développement des institutions en Portugal, poursuivait encore le même système sur les malheureux débris de cette généreuse nation ; il fit prévenir qu'il ne souffrirait pas qu'on songeât à aucune entreprise sur le continent. On le rassura à cet égard, et, en effet, il n'en était pas question.

Les troupes partirent de Plymouth au commencement de 1829, sous le commandement du général Saldanha, mais sans armes ni munitions, ayant expédié les unes et les autres par des transports, afin de n'encourir aucun reproche ; elles arrivèrent au port de Praia, dans l'île de Terceira, le 16 janvier.

Mais le duc de Wellington, qui surveillait leurs mouvemens, avait fait suivre les transports sur lesquels ils s'étaient embarqués, par deux frégates de guerre anglaises, avec l'ordre au commodore Walpole de s'opposer par la force à leur débarquement, en quelques lieux qu'ils eussent voulu le tenter. En effet, le général Saldanha, se trouvant déjà sous les batteries des forts de Terceira, ordonna le débarquement ; mais à peine commençait-il à l'effectuer, que les frégates anglaises, se plaçant en travers, commencèrent à faire feu, avec leur artillerie, sur les transports. Deux hommes furent tués par les boulets anglais. Le commodore Walpole fit signifier qu'il avait ordre d'empêcher tout débarquement dans cette île et dans toutes celles des Açores.

Le général Saldanha eut beau insister en faisant connaître que sa troupe était sans armes, qu'elle débarquait dans une île qui reconnaissait pour souveraine la reine dona Maria, reconnue sous ce titre en Angleterre, toute remontrance fut inutile, et les Anglais se préparèrent à couler à fond les bâtimens. Le général Saldanha, n'ayant pas les moyens de se défendre, et ne voulant point sacrifier la vie des braves gens qui étaient confiés à sa garde, se constitua prisonnier, et se borna à rédiger une protestation dont les détails font connaître la politique anglaise à cet égard. Le gouvernement anglais ne se bornait pas dans cette occasion à reconnaître le blocus comme à Porto et à Madère, mais il le faisait lui-même pour le compte de D. Miguel, et ce n'était pas même seulement un blocus, mais une attaque à force ouverte sur des bâtimens entrés dans le port.

Les malheureux Portugais voyaient déjà leurs frères qui leur tendaient les bras ; ils entendaient à bord les trompettes de la garnison, lorsqu'ils sont arrachés du sol même de la terre portugaise et rejetés dans l'Océan, et là ils ne sont point encore abandonnés à eux-mêmes, les frégates anglaises les suivent et les escortent au loin pour les empêcher de retourner, ou d'entrer dans aucun port des possessions portugaises. Ce n'est qu'en pleine mer, loin de tout continent, qu'elles les abandonnent à leur sort ; s'apercevant alors qu'ils ne sont plus surveillés, ils tournèrent la proue vers la France, vers une terre hospitalière où ils espéraient être accueillis.

Ils arrivèrent à Brest, ayant épuisé leurs vivres et toutes leurs ressources ; mais à peine leur situation et la cause de leur détresse furent-elles connues, que

les habitans de Brest s'empressèrent d'aller au devant
d'eux et les accueillirent avec enthousiasme; les autorités agirent de même. L'amiral Duperré, alors préfet maritime, se chargea, avant d'avoir reçu des ordres, de pourvoir aux premiers besoins. Les ordres
ne se firent pas attendre; ils furent envoyés par le télégraphe, par M. Hyde de Neuville, alors ministre de
la marine, qui, dans cette occasion comme à Lisbonne, prit vivement à cœur la cause de l'honneur
et de la liberté.

Les constitutionnels portugais, indignés de la conduite du gouvernement anglais à leur égard, ne per-
dirent cependant pas courage ; et, quoique D. Miguel
eût envoyé de nouvelles forces dans les mers des
Açores pour bloquer Terceira, ils se disposèrent à renouveler leur tentative.

Le brave général comte de Villaflor, avec un grand
nombre de jeunes officiers, l'élite de l'armée et de la
noblesse portugaise, y furent envoyés, et, par une
espèce de miracle, ils arrivèrent à Terceira sains et
saufs, ayant traversé le blocus et ayant souffert le feu
d'un brick de guerre, qui les aurait sans doute capturés
si la petite goëlette sur laquelle ils étaient n'eût pas
été aussi bonne voilière. Le comte de Villaflor, in-
vesti du gouvernement supérieur de l'île, avec l'aide
de ses compagnons, y augmenta les préparatifs de
défense, et, sans être à charge aux habitans, trouva
de nouvelles ressources pour faire face aux dépenses.
Bientôt les braves qui étaient restés à Brest allèrent
les rejoindre. Le gouvernement français consentit à

leur départ, à condition, pour ne pas se compromettre avec le gouvernement anglais, qu'ils ne se ren-
draient pas en droiture à Terceira, mais qu'ils iraient
dans quelque autre port. Ils se rendirent en effet à
Ostende, où, d'après les ordres du roi des Pays-Bas,
ils furent très-bien reçus, et on les y laissa faire les
préparatifs nécessaires pour leur voyage, qui réussit
comme celui de Villaflor, au milieu des plus grands
dangers.

Le gouvernement de D. Miguel, cependant, voyant
les dangers que courait sa cause, si l'on ne détruisait
pas promptement le seul point occupé par les constitutionnels, se décida à envoyer une expédition pour
prendre l'île. Il la fit si considérable, qu'il ne doutait
pas un seul instant de la réussite. Le 11 août 1829,
les troupes qui se trouvaient à bord de son escadre
débarquèrent dans l'île; elles étaient au moins le triple
en nombre, et, de plus, protégées par l'artillerie des
vaisseaux. En les voyant de loin s'approcher, tout le
monde crut qu'il était impossible de vaincre, mais on
était certain de résister et résolu de mourir. Les miguélistes se croyaient sûrs de la victoire; mais cette
confiance, et encore plus le courage des troupes cons-
titutionnelles sous le commandement de Villaflor, les
perdit. Le combat fut acharné et sanglant; les constitutionnels remportèrent une victoire complète. Toutes
les troupes miguélistes qui débarquèrent furent ou
tuées ou noyées en voulant se sauver, ou faites
prisonnières. Les prisonniers furent traités avec
humanité, et plutôt comme des concitoyens mal-

heureux que comme des ennemis, malgré les ordres que l'on trouva sur les chefs miguélistes, de ne pas faire de quartier, surtout aux officiers. Il se trouvait, en outre, à bord de l'escadre, une commission chargée, non pas de juger, mais de condamner à mort toutes les personnes marquantes qui se trouveraient dans l'île. L'escadre de D. Miguel rentra à Lisbonne dans le plus mauvais état, avec une perte de quinze cents hommes, tués, blessés ou prisonniers.

Fiers de ce succès, les patriotes songeaient déjà à combiner une expédition contre le Portugal même, où ils espéraient, d'accord avec leurs frères restés à Londres, opérer une révolution; mais l'argent leur manquait; il en venait peu du Brésil, et un emprunt qu'on avait espéré effectuer à Londres ne fut pas rempli. Les braves Portugais étaient les seuls qui eussent confiance dans leur cause et qui voulussent y persévérer. Enfin, vers le commencement de 1830, toutes les ressources se trouvèrent épuisées; on ne pouvait plus payer la solde aux troupes, mais on avait encore des vivres. Tout le monde fit preuve d'un véritable dévouement et du courage des privations, le plus rare de tous; membres de la régence, généraux, officiers, tous partageaient les travaux du simple soldat et étaient nourris comme lui; la discipline était cependant aussi sévère que dans l'armée la mieux payée; les soldats n'avaient plus de souliers, à peine des habits, et laissaient croître leur barbe; mais tous étaient gais et résignés; ils connaissaient le prix d'une courageuse persévérance. Le mal augmentait tous les jours, les vivres pouvaient manquer; ils se décidèrent donc à aller faire la conquête des autres îles des Açores qui reconnaissaient encore D. Miguel, et où ils espéraient trouver des ressources.

Ces îles étaient défendues par plus de 360 canons et 9,000 hommes, outre les forces navales, qui étaient considérables.

Les forces maritimes des constitutionnels se composaient de deux bricks; c'est cette petite force qui escorta les quatre transports sur lesquels le général comte de Villaflor s'embarqua, avec 600 soldats, pour aller surprendre l'île de Fayal.

Les îles de Pico, Saint-Georges, Fayal et Gracioza furent prises, et bientôt après celles de Corvo et Flores.

Toutes ces conquêtes augmentèrent les ressources et le courage des constitutionnels; mais il leur restait encore à faire la conquête de l'île de Saint-Miguel, la plus riche, la plus peuplée des Açores, et celle où les forces les plus considérables avaient été concentrées. Quand il fut question de l'attaquer, on appela les volontaires; tout le monde voulut prendre part à l'expédition; ceux qui avaient des emplois dans l'État les cédèrent. Quelques soldats se jettent à la nage pour rejoindre les embarcations; d'autres s'embarquent sur des barques de pêcheurs, au risque d'être abîmés en pleine mer. Un vieillard vint demander qu'on l'embarquât avec ses deux fils, afin, disait-il, de se battre encore une fois pour dona Maria.

Le 30 juillet, le comte de Villaflor sortit de Terceira

à la tête de 1,500 soldats, et le 3 août, l'île était rendue après une résistance très-vive de la part des troupes et de plusieurs guérillas, commandés par des prêtres. Le jour du débarquement, la chaleur était horrible, les vivres manquèrent, la troupe fut presque deux jours sans manger. N'ayant point amené d'artillerie, Villaflor répéta aux soldats ce mot célèbre : *Nous prendrons celle des ennemis ;* et, en effet, généraux, officiers, soldats, se précipitent sur les batteries, déterminent la reddition de cette importante conquête, qui rendit tout l'archipel des Açores à la liberté, et prépara le point de départ, la forteresse d'où les destins du Portugal devaient bientôt se décider.

~~~~~~~~~~~~~~~~~~~~~~~~~~~~~~~~~~

CHAPITRE VII.

Arrivée en France de l'empereur D. Pedro et de la reine dona Maria.

> *Quis novus hic nostris surrexit sedibus hospes*
> *Jactatus fatis !*   VIRG., lib. 4, v. 10.

>   *Lusitano,*
> *E outro Rei mais amigo n'outra parte,*
> *Onde podes seguro agasalhar-te.*
>   CAMOENS, chant 2.

> Quel est ce nouvel hôte qui arrive parmi nous, jouet des destins?... Enfant de Lusus, un roi va te recevoir sur une terre amie, où tu pourras descendre sans crainte et te reposer sans danger.

EST-ELLE donc déjà si vieille en révolution, cette terre du Brésil, si jeune encore en lumières, si nouvelle en indépendance ? Qui a pu lui faire rejeter avec un tel dédain la première couronne qui ait brillé au milieu de ses vastes solitudes, et cela sans cause, sans provocation, par le seul besoin vague de changement. Naguère, colonie dépendante, esclave d'une métropole à 2,000 lieues de distance, forcée de recevoir d'elle les moindres notions utiles, les moindres instrumens de travail, il ne lui suffit plus aujourd'hui d'être royaume et royaume indépendant soumis à des
~~~~~~~~~~~~~~~~~~~~~~~~~~~~~~~~~~

lois sages; quelles atteintes si funestes aurait-elle donc éprouvées des abus du pouvoir? Son premier souverain, le respectable Jean VI, ne lui a fait connaître qu'un père au lieu d'un maître, et même d'un roi. Le second ajouta à cette autorité douce la nationalité, il coupa le bout de chaîne qui tenait encore attachée la colonie à la métropole, et fonda le cadre immense d'un empire presque aussi grand que la Russie, et où la nature a prodigué tous ses dons. Ses torts furent-ils donc d'avoir trop pressé d'utiles améliorations, d'avoir voulu importer trop tôt sur cette terre vierge les institutions, les arts, les sciences, comme la culture de l'Europe, d'avoir peut-être cherché à conquérir de nouvelles provinces, au lieu d'instruire, d'éclairer les anciennes? Mais ce tort, si c'en est un, cette vanité européenne, si c'est elle qui a déplu, sont-ils des motifs assez grands pour entraîner une répulsion, un bannissement que les hommes sages de ce pays regrettent peut-être déjà?

D'un autre côté, le prince, en possession du pouvoir dans ce jardin, dans cet élysée du monde, devait-il s'en départir aussi facilement, se résigner si vite à laisser tomber son sceptre dans un berceau, à abandonner un pays qui lui était confié aux destinées d'un enfant, et cet enfant, lui-même, aux caprices des factions? Ah! puisse du moins cette résignation, partie d'un bon cœur, ce sacrifice fait pour éviter, des troubles sanglans, ne pas causer un jour ces mêmes troubles! Puisse ce pays, pendant une longue minorité, étudier, connaître l'expérience des siècles, et savoir que la monarchie constitutionnelle est le lien heureux de tous les intérêts et le préservatif de ce mal qui dévore les nouveaux États; je veux parler de l'orgueil de province, l'égoïsme de localité, cet esprit d'*épitropie* mal contenu par le fédéralisme, qui perdit l'ancienne Grèce, divise aujourd'hui la nouvelle, et entrave la formation des nouveaux États de l'Amérique.

Ces peuples verront alors dans ce jeune enfant, abandonné, comme Moïse, sur leur rivage, destiné peut-être comme lui à être leur législateur, un gage de tranquillité, un talisman qui doit éloigner d'eux l'anarchie, et en même temps rattacher à ce nouvel empire, plus riche des dons de la nature que des fastes de l'histoire, les annales glorieuses de la mère-patrie.

De quelque indépendance que jouisse le Brésil, ses habitans parleront toujours la langue du Camoens; ils ne répudieront jamais les hauts faits de Gama, d'Albuquerque, des Almeida, et ils aimeront à contempler dans les traits du jeune prince appelé à régner sur eux, le sang des Henri, des Alphonse, des Sébastien, et ces temps héroïques toujours chers au souvenir des peuples.

Quel que soit néanmoins l'avenir destiné au Brésil, D. Pedro n'a plus rien à y prétendre, le sceptre des tropiques grandira loin de lui avec l'enfant qui doit le porter; c'est un autre diadême qu'il va réclamer aujourd'hui, pour en ceindre encore un jeune front. C'est la couronne usurpée sur sa famille, sur sa patrie, sur l'humanité; voilà ce qui lui fera oublier, ce qui fera oublier au monde un événement qui aurait pu, sans ce résultat, passer pour une calamité.

D. Pedro débarqua à Cherbourg avec la jeune impératrice du Brésil, le 10 de juin, moins d'un an après le départ de ce même Cherbourg de l'ancienne dynastie. Ces rivages, qui, à cette époque, gardèrent un silence sévère et expressif, retentirent d'acclamations à l'arrivée d'un ami de la liberté, d'un prince qui, devenu simple citoyen, venait confier ses destinées à un illustre citoyen élevé naguère au trône. Il reçut du roi le plus touchant accueil; placé près de lui dans les revues, dans les fêtes anniversaires de juillet, il partagea les acclamations dont il fut salué partout. Si le sort l'appelle encore à régner, il pourra se rappeler combien sont douces ces marques d'affection franches, cordiales, désintéressées qu'on ne trouve que chez les peuples libres, ces démonstrations qui ne s'adressent pas seulement à la personne du prince, mais à sa dignité, dans laquelle les peuples voient la garantie de leurs droits, de leur indépendance, le lien qui les unit entre eux, sorte de sentiment moderne qui tient autant au jugement qu'au cœur, et qui n'appartient qu'à une haute civilisation.

Retardée par des vents contraires, la jeune reine dona Maria, embarquée sur une frégate française, n'arriva à Brest qu'un mois après; il y eut, à son arrivée, parmi les autorités un moment d'hésitation pour savoir quels honneurs lui seraient rendus; le télégraphe fit connaître, après quelques minutes, la reconnaissance pleine et entière de la royauté en sa faveur, ainsi qu'on devait l'attendre d'un souverain et d'un gouvernement généreux; oui, elle est reine, et reine plus encore d'affection que de droit, cette jeune princesse, appelée à réparer tant de maux, à consoler tant d'infortunes! Singulière destinée d'un enfant qui aura déjà parcouru le monde sans savoir quelle sera un jour sa patrie, qui recueille partout des hommages, qui trouve même des alliés à sa couronne, et n'a nulle part encore des sujets. Cette princesse que son plus proche parent, son protécteur naturel, méconnaît, outrage, tandis que des hommes obscurs, des inconnus meurent en prononçant son nom; cette vie déjà si agitée, cette carrière qui commence par tant d'événemens, présente assez d'intérêt, pour qu'on veuille connaître les différentes circonstances qui l'ont déjà marquée. Nous allons les exposer rapidement.

Le 2 septembre 1827, les deux frégates, dont l'une portait la princesse et sa suite, mouillèrent dans la rade de Gibraltar, après une traversée de cinquante-neuf jours. On a dit, et il y a lieu de le croire, qu'elle devait d'abord aller débarquer directement à Gênes ou à Livourne. L'empereur d'Autriche avait chargé le prince de Kinski d'aller y recevoir la princesse, et de la conduire par terre à Vienne, où elle devait achever son éducation; mais le consul du Brésil à Gibraltar, informé de son arrivée prochaine dans la Méditerranée, avait envoyé quelques petits bâtimens dans le détroit, pour prévenir la jeune reine des événemens qui venaient de se passer en Portugal, et l'engager à s'arrêter à Gibraltar. En effet, l'escadre brésilienne y étant arrivée, il fut décidé, d'après des instructions particulières données par l'empereur D. Pedro au marquis de Barbacena, dans la supposition où D. Miguel aurait consommé son usurpation, que dona Maria serait conduite à Londres pour y attendre les ordres de son auguste père; la frégate *la Francesca* fut renvoyée à Rio-Janeiro avec des dépêches, pour informer l'empereur de ce qui s'était passé. La frégate *l'Impératrice* fit voile le 5 septembre vers l'Angleterre, et elle arriva le 24 au matin devant Falmouth.

Saluée à son entrée dans le port par les batteries de la place et des bâtimens de guerre, elle déploya seulement alors l'étendard royal de Portugal, et le salut fut répété en son honneur (1). Le vicomte d'Itabayana, le marquis et la marquise de Palmella, le général Valdès, dernier gouverneur de Madère, et plusieurs autres réfugiés, ainsi que les principales autorités civiles et militaires, se transportèrent immédiatement à bord de la frégate, pour rendre leurs devoirs à la jeune reine, qui les accueillit avec une dignité au-dessus de son âge. Le lendemain, elle fut reçue à son débarquement par deux officiers de la maison du roi envoyés à cet effet, lord Clinton et sir W. Freemantle. Le corps municipal de la ville, en lui adres-

---

(1) On avait craint que la princesse ne fût pas reçue en Angleterre en sa qualité de reine, et, dans ce cas, elle devait s'y présenter comme comtesse ou duchesse de Porto. C'est pour cela qu'on avait différé d'arborer au grand mât l'étendard royal du Portugal jusqu'au salut des batteries du fort.

sant ses félicitations sur son heureuse arrivée, y joignait l'hommage des vœux sincères de la population
de Falmouth, « pour qu'il plût au Tout-Puissant de
« lui donner la santé et le bonheur, et pour que l'heu
« reuse alliance qui existait depuis si long-temps entre
« le Portugal et l'Angleterre, continuât sous le règne
« de sa majesté, et qu'elle fût aussi honorable aux
« deux royaumes qu'utile à leur prospérité. »

Ainsi semblait déjà résolu le problème qui occupait
les observateurs politiques sur le genre de réception
que le gouvernement britannique devait faire à la
jeune reine dona Maria. Il est inutile de dire que la
nouvelle de son arrivée répandit la joie et des espérances nouvelles parmi les réfugiés portugais civils ou
militaires, qui se trouvaient dès cette époque au
nombre de trois à quatre mille en Angleterre. Ils
s'empressèrent de porter ou de faire présenter à leur
souveraine le tribut de leur fidélité et de leur dévouement; et l'histoire doit ajouter que la jeune princesse
trouva partout, sur la route de Falmouth à Londres,
qu'elle fit à petites journées dans une voiture de la
cour, au milieu d'une escorte d'honneur, les témoignages les plus touchans de l'intérêt que son rang, son
âge et ses malheurs, inspiraient dans toutes les classes. Sa Majesté descendit à Londres le 6 octobre (1).

L'inquiétude, on pourrait même dire l'effroi que
l'arrivée de la jeune princesse à Londres avait excité

____

(1) Une grande partie de ces détails sont tirés de l'Annuaire
de M. Lesur, an 1828.

parmi les miguélistes en Portugal, se prolongeait, et ajoutait aux agitations intérieures de ce pays. Le gouvernement britannique, en rendant à dona Maria les honneurs attribués au caractère auguste sous lequel elle se présentait, ne prétendait cependant ni appuyer ses droits, ni s'opposer aux prétentions de D. Miguel, ni s'immiscer dans les affaires intérieures du Portugal. Le duc de Wellington, fidèle à son penchant absolutiste, à son plan de conduite envers le Portugal, se fit présenter par le comte d'Aberdeen, ministre des affaires étrangères, à la jeune reine, peu après son arrivée à Londres, mais ne lui adressa que des félicitations vagues. On prétend qu'elle lui répondit : « Je sais que Votre Grandeur a sauvé une fois la cou- « ronne de Portugal pour mon auguste aïeul, et j'es- « père que vous la sauverez une seconde fois. »

Un fait plus certain, c'est que, dans ce temps-là même, lord Strangford, envoyé à Rio-Janeiro, où il était arrivé le 16 octobre, négociait un arrangement avec D. Pedro pour terminer tous différends entre les deux frères.

Mais veut-on savoir à quelle condition et à quel prix lord Aberdeen prétendait que l'empereur D. Pedro dût acheter cette transaction? On ne le concevrait pas, si les documens authentiques n'étaient point là pour l'attester. Il demandait d'abord le mariage immédiat de la reine de Portugal avec l'infant, mais ayant le titre de roi ; en second lieu, la reconnaissance et l'approbation des changemens apportés dans la forme du gouvernement en Portugal.

Ainsi cette princesse devait descendre du rang où l'avaient placée sa naissance et ses droits reconnus, pour n'être plus que la femme de celui qui avait usurpé ces mêmes droits, et qui l'avait méconnue et dédaignée (1). Elle devait s'asseoir sur le trône d'un autre, ou plutôt sur le sien propre, mais où elle n'était admise qu'après l'avoir vu inonder du sang de ses sujets les plus fidèles; et cette union ne pouvait s'effectuer que par le sacrifice des institutions que son père avait lui-même accordées, qu'il avait données à son pays pour assurer son bonheur et sa liberté.

Non, il n'est pas de couronne qu'on voulût acheter à ce prix, et dans un temps où certes les couronnes sont plutôt des fardeaux que des avantages. Il est possible qu'au siècle de Henri IV, un royaume *valût une messe;* mais il ne vaut pas certainement aujourd'hui la moindre apostasie de l'honneur ou de la liberté.

Dona Maria était reçue à Londres dans le caractère et sous le nom de reine; elle avait sa cour, sa garde d'honneur, et pour ainsi dire son armée; car les réfugiés enrégimentés au dépôt de Plymouth lui avaient envoyé leur adresse de reconnaissance, d'hommage et de dévouement. Ses ministres, Palmella et d'Itabayana, avaient à leur disposition des fonds provenant de la dette que le Brésil avait contractée envers

---

(1) La *Gazette* officielle de Lisbonne s'exprima sur la jeune reine en termes inconvenans, quand on apprit son arrivée à Gibraltar; elle était surtout insultée dans les chansons populaires qu'on tolérait en Portugal.

le Portugal, d'après le traité de 1825, et qui servirent à faire subsister ces malheureux réfugiés dont on séquestrait les biens en Portugal. Il ne semblait manquer à cette petite souveraineté que la reconnaissance formelle du roi qui la recevait dans ses États. L'envoyé de D. Miguel, à Londres, le vicomte de Seca, se flattait d'empêcher sa présentation, différée par l'indisposition du monarque anglais. Enfin, il fut officiellement annoncé au vicomte d'Itabayana, que S. M. le roi Georges tiendrait une cour le lundi 22 décembre, au château de Windsor, à l'effet de recevoir dona Maria en qualité de reine de Portugal. Au jour dit, à une heure, la reine est montée dans un carrosse de la cour. Sa toilette était magnifique ; elle était décorée des ordres du Portugal et du Brésil ; elle portait au cou le portrait de son père, suspendu par une chaîne de diamans. Elle avait dans sa voiture le marquis de Barbacena, la comtesse d'Itapagipe et le chevalier de Saldanha ; et dans deux carrosses de suite étaient le vicomte d'Itapayana, le marquis de Resende, le marquis et la marquise de Palmella.

Un détachement des gardes-du-corps l'attendait à la porte du parc pour l'escorter jusqu'au château, où elle arriva au milieu des acclamations de la foule empressée de voir un spectacle curieux, surtout par les intérêts politiques qui s'y rattachaient.

La jeune reine, en descendant de voiture, fut reçue par le duc de Montrose, lord-chambellan, qui la conduisit par le grand escalier qui mène aux grands appartemens. Le roi , qui l'attendait au haut de l'escalier, la salua de la manière la plus cordiale , et, lui adressant la parole en français, lui dit qu'il aurait été charmé de la recevoir plus tôt. Il la conduisit ensuite dans le grand salon, la fit asseoir à ses côtés, et s'entretint avec elle. Dona Maria , dans cette entrevue, se conduisit d'une manière que l'on était loin d'attendre de son jeune âge ; un peu embarrassée d'abord de la pompe de la cour britannique, elle se remit bientôt et conversa pendant près d'une heure avec le roi et plusieurs personnes de la famille royale (les duchesses de Clarence et de Glocester). Le roi, charmé de la vivacité et de la simplicité spirituelle de ses reparties, fut frappé surtout de son extrême ressemblance avec la malheureuse princesse Charlotte , souvenir qui donnait à cette scène un intérêt particulier (1).

Après ce premier entretien , le roi conduisit la jeune reine dans une salle où était préparé un déjeûner. La reine était assise à la droite du roi, qui eut des attentions marquées pour elle, et qui sut joindre à l'affection et à la tendresse qu'inspire un enfant, tous les égards qui sont dus à une souveraine. Dans le courant du repas, le roi, s'adressant à ses illustres hôtes, leur dit qu'il existait en Angleterre une coutume qui pourrait paraître étrange et vieillie, mais qui n'en était pas plus mauvaise : c'était de porter des santés. En consé-

(1) La plus grande partie de ces détails est tirée de l'annuaire de M. Lesur.

quence, S. M. porta la santé de sa jeune amie et alliée *la reine de Portugal.* Aussitôt après ce toast, la reine se leva et dit à S. M. que cette coutume n'était pas nouvelle pour elle, puisque, depuis son arrivée en Angleterre, elle avait porté tous les jours à sa table la santé de S. M., et qu'elle demandait, avec des sentimens de reconnaissance pour sa bonté, la permission de proposer de nouveau ce *toast.* « Il serait impossi-« ble, dit le *Journal officiel* qui raconte ces détails, « de se faire une juste idée de la manière dont cette « enfant exprima ses remercîmens et l'assurance de « sa gratitude envers S. M. Elle excita la plus vive « émotion. »

Le repas fini, le roi la reconduisit au salon, ensuite, jusqu'au haut de l'escalier où il l'avait reçue à son arrivée; et, prenant congé d'elle, il l'embrassa tendrement, en lui renouvelant les vœux sincères et bienveillans qu'il faisait pour son bonheur à venir.

La jeune reine entendit ces assurances avec une émotion visible; et, en quittant Windsor, elle fut encore saluée par les acclamations de la foule qui l'attendait à son retour. Son séjour en Angleterre a fait connaître à la fois l'étendue de son esprit et la bonté de son cœur, et il a laissé parmi les Portugais surtout de profonds et tendres souvenirs.

Je suis entré dans les détails minutieux qu'on vient de lire, pour mieux prouver les engagemens pris par le gouvernement anglais envers une princesse malheureuse; engagemens qu'il n'est plus permis, vis-à-vis de l'histoire, de répudier; mais une pareille intention n'est point à craindre. Les torts de l'Angleterre envers le Portugal tenaient au système et aux opinions des membres du gouvernement à cette époque. Ils ne trouvèrent jamais de sympathie, d'approbation dans la nation anglaise, ni même dans la personne du roi. Aujourd'hui, non-seulement de tels principes sont abjurés, mais il existe dans les hommes d'État à la tête des affaires, principalement dans lord Palmerston, une ardeur, un zèle pour cette noble cause, qui doit sans doute, quelque chose qui arrive, en assurer le succès (1).

Cet intérêt n'est pas moindre de la part de la France, quoique des considérations politiques ne nous permettent pas de le manifester aussi vivement. La reine dona Maria a été accueillie sur toute sa route avec des acclamations multipliées. Sans doute elle n'a pas été reçue à notre cour avec l'étiquette et le genre de faste qui brille en Angleterre et qui n'est plus dans nos mœurs ; mais elle a été accueillie par la famille royale avec cette affectueuse bonté, cette grâce naturelle qui distingue la reine et ses aimables enfans. Elle a trouvé parmi eux ces prévenances, ces attentions d'intimité qui, sur la terre d'exil, flattent davantage et plaisent plus que de solennelles démonstrations.

De retour dans le palais de ses pères, elle se rap-

---

(1) Le discours de lord Palmerston a été le précurseur de l'intérêt européen qui s'est attaché à la cause du Portugal, et qui ne s'éteindra pas, si même l'expédition qui va partir ne réussissait pas : il y va de l'honneur des rois et de la civilisation.

pellera peut-être, comme Marie Stuart, mais plus heureuse qu'elle alors, *ce plaisant pays de France,* où elle aura passé quelque temps de son jeune âge ; et lorsqu'elle parcourra les charmans coteaux de Cintra (1), elle y trouvera quelque ressemblance avec les sites, les bosquets de Meudon, de même qu'à Meudon on conservera long-temps le souvenir de sa bonté (2).

------

(1) Cintra, aux environs de Lisbonne, est un des lieux les plus agréables du Portugal et peut-être du monde entier ; il a été chanté par lord Byron.

(2) Un trait suffira pour faire connaître la jeune reine. Avant son départ de Londres, elle apprit que le négociant chargé de fournir des fonds aux réfugiés portugais se trouvait en avance de sommes assez considérables, et qu'il était au moment d'être poursuivi pour des dettes contractées à cet effet ; elle envoya sur-le-champ tous ses diamans à cette personne, afin qu'elle pût les déposer et emprunter sur ce gage. Elle a paru aux Tuileries sans diamans, mais avec d'autant plus d'éclat.

CHAPITRE VIII.

Départ de l'expédition de D. Pedro pour les Açores, et, de là, pour les côtes du Portugal.

> *Esse aliquam in terris gentem quæ suâ impensâ, suo labore et periculo, bella gerat pro libertate; quæ maria trajiciat ne quod orbe injustum imperium sit, et ubique jus, fas et lex potentissima sint.*
>
> Tite-Live, liv. 33, cap. 63.

> Il est donc dans ce monde des hommes généreux qui, à leurs frais et à travers mille dangers, entreprennent la guerre pour la liberté, qui traversent les mers pour détruire un pouvoir injuste et faire prévaloir le droit, l'équité et les lois.

Pendant que D. Pedro jouissait en France d'une heureuse et paisible hospitalité, il ne négligeait pas les grands intérêts qui l'avaient conduit en Europe, et dont il était responsable envers sa famille et son pays. Il préparait cette expédition à laquelle tant d'espérances étaient attachées. Les Portugais fidèles n'avaient pu, jusqu'à ce moment, qu'agrandir le cercle de leur exil; mais ils pouvaient enfin porter leurs vues plus haut. L'heure était arrivée de tenter cette grande entreprise et de livrer aux vents et au courage l'espoir d'un meilleur avenir. Un emprunt qui, jusqu'à ce moment, n'avait pu s'effectuer, venait d'être rempli. Une escadre entière avait été achetée en Angleterre, et allait se réunir dans un port de France sous le commandement d'un marin habile, l'amiral Sartorius. Ce fut à Belle-Ile sur mer que les derniers préparatifs se faisaient, et c'est aux Açores que fut fixé le rendez-vous général et le point de départ.

Comme du temps des croisades, où, de tous les côtés de la chrétienté, on voyait arriver des guerriers qui quittaient leurs familles, leur pays, le soin de leurs fortunes, les Açores réunissaient les Portugais épars, dispersés, après quatre ans de souffrances et de privations. Sitôt que tout fut préparé, D. Pedro prit congé du roi et de la famille royale qui l'avaient si bien accueilli, et qui faisaient des vœux bien sincères pour le succès de sa cause. Il quitta la jeune impératrice que la France a vu naître, et dont la gloire française aime à contempler les traits; il se sépara de sa fille, pour laquelle il allait combattre, afin qu'elle pût un jour régner pour lui. Chargé ainsi des intérêts de deux couronnes, sans prétendre à aucune, tuteur de deux enfans (1) sur le trône, et simple citoyen, son rôle est nou-

---

(1) Il s'est élevé une question parmi les Portugais. C'est de savoir si D. Pedro pouvait être régent ou seulement tuteur de sa fille. Cette discussion dans ce moment nous paraît aussi oiseuse que celle qui concerne la légitimité. Il s'agit avant tout de savoir s'il aura pu renverser D. Miguel; tout le reste sera facile après, surtout, puisque D. Pedro, dans son manifeste, annonce qu'il s'en remettra sur tous les points à la décision des chambres

veau, noble et désintéressé, quel que soit son titre en
Portugal, ou tuteur ou régent. Sa cause est, pour les
uns, celle de la liberté; pour d'autres, celle de la monarchie légitime; pour tous, les droits de la justice et de l'humanité. Aussi fut-il accueilli partout sur sa route avec
acclamations. A Orléans et à Tours les autorités civiles
et militaires vinrent le féliciter. A Angers il fut invité
à loger à la préfecture, et la ville fut spontanément
illuminée. Il s'embarqua, le 28 mars, à bord du bateau à
vapeur pour se rendre à Nantes, et tous les habitans
des campagnes accouraient aux bords de la Loire pour
applaudir à son passage. Arrivé à Nantes, il trouva
à la porte de l'hôtel de France, où il descendit, une
garde d'honneur. Le préfet et les autorités civiles et
militaires s'étaient rendus auprès de lui, et la foule
était si grande qu'à peine pouvait-il marcher. Partout
on criait : Vive D. Pedro! vive le défenseur des libertés
portugaises! Le soir il se rendit à un bal qu'on avait
préparé pour lui, et le lendemain il reçut à dîner
toutes les autorités de la ville. Le 31 il s'embarqua à
bord d'un bateau à vapeur pour Belle-Ile, et toute la
population de Nantes l'accompagna jusqu'au lieu de
l'embarquement. Il trouva à Belle-Ile l'escadre qui

---

aussitôt qu'il aura fait reconnaître sa fille. Ceux cependant qui vou-
dront connaître cette question peuvent consulter, en faveur de la
régence de D. Pedro, les écrits de MM. Felipe Ferreira d'Araujo et
Silvestre Pinheiro Ferreira, et contre, MM. le colonel Perasse,
Cabral, Passos, Ferreira Borges, Carvalho, da Rocha, et le
rédacteur du Portugais constitutionnel, publié à Londres.

l'attendait et un très-grand nombre de Portugais et de volontaires francais, prêts à s'embarquer pour le suivre. L'escadre était pavoisée, et des coups de canon annoncèrent son arrivée. Il s'embarqua sans délai sur la frégate *la Reine du Portugal*, qui devait le transporter aux Açores, où il arriva heureusement le 22 avril.

Le voilà donc cet archipel de la liberté, ces îles glorieuses, qui les premières ont secoué le joug du despotisme et de la superstition, et qui pourraient former un petit État indépendant(1)! D. Pedro fut reçu par

---

(1) L'archipel des Açores se compose de neuf îles divisées en trois groupes.

Le premier est composé des îles Sainte-Marie et Saint-Michel;

Le second, des îles Terceira, Saint-Georges, Pico, Fazal et Gracioza;

Le troisième, des îles Flores et Corvo.

L'île de Sainte-Marie a.	8,000 habitans.
L'île de Saint-Michel.	100,000
L'île Terceira.	40,000
L'île de Saint-Georges.	23,000
L'île Gracioza.	12,000
L'île de Fazal.	23,000
L'île de Pico.	36,000
L'île de Flores.	9,000
L'île de Corvo.	1,000

La population des Açores est donc de. . . . 225,000 habitans, à quoi on peut actuellement ajouter au moins 20,000 habitans, soldats, matelots et étrangers au service de la reine.

L'archipel des Açores à lui seul forme donc une petite nation plus puissante que quelques provinces d'Allemagne, dont les représentans sont reconnus à la cour de France.

les soldats et par les habitans avec le plus grand enthousiasme. Arrivé à Saint-Michel le 22, il y séjourna
jusqu'au 1er mai pour y passer en revue les troupes
dont cette île est le quartier-général. Le 2 mai, il se
rendit à Terceira, où il s'occupa principalement des
préparatifs de l'expédition. Il s'arrêta quelques jours à
l'île de Fayole, où se trouvaient les arsenaux et les
établissemens de la marine. De là il retourna à Saint-
Michel, lieu choisi pour le départ de l'expédition. Les
habitans des Açores ont offert de prendre les armes,
et ont fourni des contributions considérables en vivres
et en argent.

L'expédition se compose de trois brigades, deux de
ligne et une d'infanterie légère; un régiment d'artillerie
et les cadres pour trois régimens de cavalerie.

La brigade légère est composée des corps de chasseurs; la 1re de ligne est formée du 18e d'infanterie,
des bataillons de volontaires et du bataillon anglais.
La 2e de ligne est composée d'un des régimens qui a
été formé dans les Açores, du bataillon français et de
quelques autres corps détachés; mais ce qui distingue
surtout cette petite armée, ce sont plusieurs bataillons
composés de magistrats, négocians, nobles, savans, officiers placés dans les mêmes rangs, faisant le service de
simples soldats, et n'aspirant, comme ils le disent,
qu'à mourir pour leur patrie, pourvu que ce soit au
milieu d'elle : *Pro patriâ et in patriâ mori* (1).

---

(1) Cic., Off.

POST-SCRIPTUM.

ELLE est partie, elle est arrivée, sans doute, cette expédition à laquelle se rattachent tant de vœux, cette flotte qui porte les destinées d'une nation opprimée, à laquelle le monde entier prend un vif intérêt!

Les peuples libres voient, dans sa délivrance, augmenter les alliés, les défenseurs du principe généreux qui fait leur puissance et leur prospérité. Les autres attendent, de ce nouveau succès de la civilisation, une amélioration à leur sort. Ils savent que l'exemple de la raison est contagieux comme celui du bonheur, et que ces deux bienfaits apportés au Portugal pourront s'étendre au-delà.

Mais comment peindre l'attente, la crainte, l'espoir, qui doivent agiter les malheureux Portugais dans ce moment décisif, et ceux qui, après quatre années de souffrances, échappent à l'exil, et ceux qui languissent encore dans les prisons? Oh! quel sentiment de joie n'éprouveront-ils pas tous; les uns, en touchant le sol de la patrie, les autres, à la vue du pavillon libérateur, signal pour eux de repos, de gloire, d'indépendance! Tour de Belem, château Saint Georges! saluez, du plus loin que vous les apercevrez, les nouvelles couleurs (1) qui entourent l'écusson de Bra-

---

(1) Il est de deux couleurs, afin de ne pas être confondu avec celui de D. Miguel.

gance! ce sont les couleurs de la liberté. Le bruit des acclamations va succéder à celui des chaînes ; vos épaisses murailles n'entendront plus de gémissemens. Nymphes du Tage ! le sang ne se mêlera plus aux paillettes d'or de vos flots (1).

Que d'actions de grâces vont s'élever au ciel, le jour où tout un pays secouera le joug de l'oppression ! Mais que ce jour, généreux Portugais, ne soit point souillé par la vengeance ! Vous avez trop souffert de la cruauté, pour vouloir en prolonger les effets. Que ce jour soit celui de la réconciliation comme celui de la victoire ! Et vous, prince, que le dévouement, que les souffrances de tant de braves auront porté au gouvernement de ce pays, n'oubliez jamais cette noble origine ; montrez-vous, le premier, l'esclave des lois, afin de pouvoir être libre par elles (2). Votre véritable légitimité, ou celle de votre fille, est dans les larmes, dans le sang qui a été versé pour vous ; vous avez pu connaître les hommes que le ciel a soumis à votre empire, et *juger qu'il est plus beau de régner sur une telle nation, que de commander au reste du monde.*

> Vereis o nome engrandecedo
> Daquelles de quem sois senhor superno,
> E jugareis qual he mais excellente
> Se ser do mundo rei , se de tal gente.
>
> Camoens, cant. 1.

---

(1) *Aurifer Tagus.* (Sil. Ital.)

(2) *Legum servi sumus omnes ut liberi esse possimus.* (Cic., de Leg.)

APPENDICE.

DÉCLARATION

Publiée à Porto par le conseil militaire formé au quartier Saint-Ovide, le 17 mai 1828.

« Portugais !

« La force militaire, fidèle au serment solennel fait à notre roi légitime D. Pedro IV, s'est réunie, en vertu de ce même serment, pour le renouveler et le maintenir.

« Une déclaration expresse pour détrôner ce légitime souverain et nous donner un autre monarque proclamé par une faction rebelle, ne suffit que trop pour justifier la noble résolution des troupes portugaises.

« Le magnanime auteur de la Charte constitutionnelle de la monarchie portugaise n'avait pas prévu qu'il y aurait des autorités rebelles qui chercheraient, par tous les moyens, à attaquer son autorité légitime ; et, pour notre honte, le gouverneur de cette province, nommé au nom de D. Pedro IV, a abandonné son poste ; il a permis le parjure, la vengeance, et il n'a employé la force que pour renverser la constitution.

« Que restait-il à faire en pareille circonstance aux défenseurs de la légitimité, à ceux qui, dans les montagnes de Coruche, sur les bords du Prado et sur le pont dé Bazca, ont versé leur sang pour la légitimité et la constitution, et se voyaient condamnés à la plus humiliante abjection! On allait punir comme crime ce qui fait notre honneur; et l'on allait nous faire rendre compte de notre subordination, de notre obéissance au gouvernement qui nous avait envoyés soutenir l'honneur de l'armée, les droits du pays, la sainteté du serment et la légitimité du trône.

« Portugais! notre entreprise est juste; nous ne serons pas parjures; le Dieu qui a entendu nos sermens bénira nos efforts, car il ne veut pas que l'on prenne son saint nom en vain. Les souverains de l'Europe, tous alliés de S. M. T. F., respecteront le caractère des sujets portugais, et nos compagnons d'armes nous seconderont dans cette honorable entreprise.

« En conséquence, nous protestons en présence de Dieu et des hommes, que personne plus que nous ne respecte l'infant D. Miguel, en tant qu'il continuerait d'être le lieutenant de son auguste frère, notre monarque légitime et reconnu par nos sermens, D. Pedro IV; mais que, tant que la faction dont il est entouré le poussera à violer un serment peut-être encore plus sacré que le nôtre, nous nous croirons, avec un profond respect, obligés de le regarder comme dans l'impuissance de gouverner.

« Portugais, vive S. M. T. F. Pedro IV!

« Vive la reine Maria II!

« Vive la Charte constitutionnelle de la monarchie portugaise!

« Vive l'infant D. Miguel, comme représentant de son auguste frère !

« Vive la sainte religion de nos ancêtres qui a consacré nos sermens ! »

Fait à Porto, en conseil militaire, au quartier de Saint-Ovide, le 17 mai 1828.

Signé : DUARTE GUILHERME FERRERI, colonel du 4ᵉ régiment d'artillerie.

FRANCISCO-JOSE PEREIRA, colonel du 6ᵉ d'infanterie.

HENRIQUE DA SILVA DE FONSECA, colonel du 18ᵉ d'infanterie.

FRANCISCO DA GAMA LOBO BOTELNO, colonel du 12ᵉ de cavalerie.

JOSE JULHIO DE CARVALHO, colonel du 12ᵉ de chasseurs.

JOSE DE BARROS E ABREU, lieutenant-colonel du 12ᵉ de cavalerie.

ALEX. DE MAIO DE BRITO, lieutenant-colonel du 6ᵉ d'infanterie.

JOACHIM-MANUEL DE FONSECA LOBO, lieutenant-colonel du 11ᵉ de chasseurs.

MANUEL-ALEXANDRINO PEREIRA DA SILVA, major du 18ᵉ d'infanterie.

ANTONIO DA COSTA E SILVA, major du 4ᵉ d'artillerie.

ANTONIO CORREA LEITAO, major du 11ᵉ d'infanterie.

MIGUEL CORREA DEM ESQUTA, major du 11ᵉ de chasseurs.

PEDRO-ANTONIO ROBOCHO, major du 10ᵉ de chasseurs.

Suit un manifeste daté du 18 mai, conçu dans le même esprit et signé par les mêmes officiers.

PROCLAMATION

Publiée à Porto, le 18 mai 1828.

« Portugais !

« Il est temps de venger tant de viles injures, tant d'exécrables crimes, tant de perfidies et d'outrages. En vain notre magnanime et légitime roi D. Pedro IV nous avait délivrés de l'esclavage dans lequel nous étions plongés depuis des siècles, et nous avait rendus à nos anciennes et inestimables libertés. Cet immortel monarque avait dit du haut de son trône : « Je veux que vous soyez libres ; je « veux que vous soyez heureux ; » lorsqu'une faction liberticide, le seul véritable ennemi du trône et de l'autel, a répondu furieuse : « Si tu veux que ton peuple soit libre, « nous voulons, nous, qu'il soit esclave. Si tu veux qu'il « soit heureux, nous voulons, nous, qu'il soit misérable ; « et si, pour arriver à ce but, il est nécessaire d'appeler à « notre aide les bras de la superstition et du fanatisme, « toujours funestes aux souverains et aux nations, nous « les emploierons ; nous chercherons tous les moyens d'a- « veugler, de tromper et de corrompre le peuple ; nous « nous servirons de la chaire et du confessionnal ; nous « parlerons au nom de Dieu, en qui nous ne croyons pas ; « nous invoquerons une religion que nous méprisons ; nous « sanctifierons le parjure, la perfidie, la trahison. Nous

« possédons la plus grande partie des richesses de la na-
« tion ; nous l'emploierons contre le peuple qu'il faut te-
« nir dans l'ignorance, afin qu'il n'entende jamais ses vé-
« ritables intérêts. »

« Tels ont été, Portugais, les causes et les moyens de
la lutte obstinée que nous avons eue à soutenir et que nous
avons soutenue glorieusement contre la faction aposto-
lico - jésuitique et ses sectaires, depuis que nous est arrivée la Charte constitutionnelle, librement et spontanément octroyée par notre légitime souverain. Quelques
généraux et officiers, sans gloire et sans honneur, aussi
ignorans qu'ambitieux, aussi vils que méchans et corrompus, se joignirent bientôt à cette infernale faction. Ils éga-
rèrent quelques régimens de cette brave armée portugaise,
et désertèrent en Espagne, d'où ils rentrèrent les armes à
la main contre leur propre pays ; ils ont pillé, désolé, en-
sanglanté nos provinces. Mais des généraux, des officiers,
des soldats, vrais Portugais, fidèles à leur pays, à leur roi,
à leurs sermens, à leur devoir enfin, allèrent à la rencontre de ces misérables mercenaires, qui, battus sur tous les
points, se sont honteusement réfugiés en Espagne, où le
peuple les méprise comme des vagabonds et les insulte
comme des lâches, et où le monarque, revenu de l'erreur
dans laquelle on l'avait entraîné, les a fait concentrer,
avec ordre de fusiller ceux qui chercheraient à s'échapper
de leurs cantonnemens ; ce qui est déjà arrivé à quelques-
uns.

« L'impie faction apostolico-jésuitique, furieuse de la défaite de ses vils mercenaires, redoubla ses efforts, sema la
confusion et le désordre, qu'un ministère faible, ignorant
et perfide, encouragea et protégea.

« Dans ce malheureux et déplorable état, les cabinets de

l'Europe pensèrent que le seul remède à tant de maux était de placer à la tête du gouvernement de Portugal ce prince qui, portant sa dissimulation au plus haut degré, parvint à tromper l'auguste monarque à qui le malheureux roi Jean VI, dont nous déplorons la mort, avait confié l'éducation d'un fils toujours ingrat, deux fois rebelle! En vain l'empereur d'Autriche entreprend d'inspirer à son pupille des sentimens dignes d'un prince; ni les soins, ni les vertus, ni l'exemple de ce vénérable monarque, le vrai père de son peuple, n'ont pu changer les dispositions perverses et le mauvais cœur de l'infant D. Miguel, envoyé au monde pour la honte des princes et le malheur du Portugal.

« Notre légitime souverain, à la sollicitation de tous les gouvernemens, nomma, parce qu'il ne le connaissait pas, son frère régent de Portugal et son lieutenant. Il ne devait quitter la cour de Vienne qu'après avoir prêté le plus solennel serment de maintenir les heureuses institutions que le meilleur des monarques nous avait données. Il promit tout, il jura tout en présence de ce grand monarque, en qui il avait trouvé la sollicitude d'un père, et devant les ministres de toutes les grandes puissances de l'Europe. Mais de quoi ont servi aux Portugais la solennité de ses promesses et la sainteté des sermens?

« A peine arrivé à Lisbonne, il foule aux pieds les promesses et les sermens; il s'entoure de ministres ignorans autant que fanatiques, aussi méchans qu'ils sont hypocrites; il s'entoure des complices qu'il eut dans son horrible rebellion du 30 avril 1824, qui ne tendait à rien moins qu'à détrôner son propre père, que les ministres étrangers ont sauvé. Il renvoie sans cause ou raison les représentans du peuple; il enlève aux corps militaires les commandans, officiers et sergens fidèles à leur légitime souverain, à leur pays, à leurs sermens; il renvoie nombre de magistrats parce qu'ils ont été fidèles à la charte et aux lois, et il les remplace par des ministres sans talent, sans moralité, sans honneur et sans religion. Il emploie l'argent de la nation à corrompre, à acheter les différentes municipalités du royaume, et, à force d'intrigues, de violences et de crimes sans exemple, il se déclare rebelle contre son frère et roi, et se déclare lui-même, de la plus lâche manière, un vil usurpateur. Sans talent et sans instruction, dépouillé d'honneur et de vertu, cruel par nature, excellant en hypocrisie et en dissimulation, il n'attend que le moment de se faire formellement proclamer roi par un vil ramas de nobles dégénérés, d'ecclésiastiques et de magistrats corrompus, afin de donner carrière à sa rage, à sa vengeance et à sa tyrannie.

« Tous les monarques de l'Europe réprouvent et détestent les criminels procédés d'un monstre qui les a si bassement trompés : tous le détestent et le méprisent; et ils savent aussi que la patience des Portugais doit être à bout et avoir son terme. Déjà leurs ministres à Lisbonne ont cessé toute communication avec ce prince rebelle et usurpateur; et dans peu de jours ils se retireront d'une cour où règnent les crimes, l'impudeur, le fanatisme, la confusion et le désordre.

« Aux armes donc, Portugais! mettez un terme à tant d'infortunes : soutenons le droit de notre roi légitime et de son auguste fille! Punissons ces viles insultes, ces exécrables crimes! punissons tant de perfidies et d'outrages! défendons nos libertés dont la révolte, l'usurpation et la tyrannie veulent nous dépouiller! maintenons la charte constitutionnelle qui nous a été légitimement donnée! vengeons l'honneur et la dignité nationale! sauvons notre gloire! rendons à la brave nation portugaise la paix, le repos et le bonheur dont elle est digne à tant de titres! rejetons loin de nous un prince incorrigible, la honte des souverains, le déshonneur du Portugal et l'objet du mépris de l'univers!

« Vive D. Pedro IV, notre roi légitime!

« Vive dona Maria II, notre reine légitime!

« Vive la charte constitutionnelle, légitimement octroyée!

« Vivent tous les souverains qui soutiennent la légitimité de D. Pedro, de la reine dona Maria et de la charte constitutionnelle! »

NOMS

DES PERSONNES LES PLUS REMARQUABLES DU PARTI DE LA REINE DONA MARIA II,

Dont la plupart se trouvent aux Açores, et les autres en France et en Angleterre.

PAIRS.

MM. les marquis de Loulé, de Palmella, d'Almeida, de Fronteira, de Lavradio, de Ponte, de Lima, de Valança, etc., etc.

MM. les comtes de Funchal, de Villaflor, de Alva, de Villa-Real, de Figalho, de Taipa, de Linhares, de Paraty, de Lumiares, de Sampayo, de Cunha, de Sabucal, etc.

GÉNÉRAUX.

MM. les généraux comte de Saldanha , Stubbs , les deux Cabreira.

MM. Arcredo , Correa de Mello , Saraure , Vasconcellos.

ANCIENS MINISTRES D'ÉTAT.

MM. Ferreira de Castro , Mouzinho da Silveira , Pinheiro Ferreira , Xavier , etc.

Outre les noms que nous venons de citer , il y a un grand nombre de personnes appartenant aux premières familles de Portugal , telles que :

MM. de Mascarenhas. Mello , Souza , Cunha , etc. ;

Un grand nombre de députés fort distingués par leurs talens et leur patriotisme , tels que MM. Sarmento , Magalhaes , Alvez , Aguiar , etc. ;

Un grand nombre de magistrats , tels que MM. Rocha , Sampayo , Pimenta , etc.;

Plusieurs professeurs de l'université , tels que MM. Sa , Nunes de Carvalho , Rodriguez , etc.

Il nous serait fort difficile de nommer tous les militaires qui se trouvent aux Açores ; nous nommerons cependant , outre les généraux dont nous avons déjà fait mention , D. Thomas Mascarenhas , H. da Silva , Torres , Gama , ledit colonel Raivozo , etc.

Nous pourrions nommer aussi une foule d'écrivains très-remarquables , soit dans les sciences , soit dans la littérature , tels que MM. Mouzinho d'Albuquerque , Garelt , Miolozi , Ferreira Borges , Freire Carvalho , etc.

On peut dire, sans crainte d'exagération, que presque toutes les notabilités portugaises sont dans le parti opposé à D. Miguel; mais, parmi tous ces noms, je dois citer de nouveau M. le marquis d'Almeida et M. le général comte de Saldanha, qui ont bien voulu me procurer des documens pour cet écrit : leur mérite et leurs noms sont trop connus pour que je veuille blesser leur modestie par de nouveaux éloges.

FIN.

TABLE DES MATIÈRES.

APPENDICE.